稳定获利 ③

王 刚 主编

期货大赛冠军的交易策略与技巧

中国经济出版社
CHINA ECONOMIC PUBLISHING HOUSE
·北 京·

图书在版编目（CIP）数据

稳定获利．3，期货大赛冠军的交易策略与技巧／王刚主编．
—北京：中国经济出版社，2019.2
ISBN 978-7-5136-5543-9

Ⅰ.①稳…　Ⅱ.①王…　Ⅲ.①期货交易—基本知识　Ⅳ.①F830.9

中国版本图书馆 CIP 数据核字（2019）第 023487 号

责任编辑　王　建
责任印制　巢新强
封面设计　任燕飞

出版发行　中国经济出版社
印 刷 者　北京力信诚印刷有限公司
经 销 者　各地新华书店
开　　本　710mm×1000mm　1/16
印　　张　16
字　　数　170 千字
版　　次　2019 年 2 月第 1 版
印　　次　2019 年 2 月第 1 次
定　　价　48.00 元
广告经营许可证　京西工商广字第 8179 号

中国经济出版社 **网址** www.economyph.com **社址** 北京市西城区百万庄北街 3 号 **邮编** 100037

本版图书如存在印装质量问题，请与本社发行中心联系调换（联系电话：010-68330607）

本书编委会

主　编　王　刚

编　委　黄武聪　王会仕　赵丽文

　　　　赵治帮　郭　昊　王风彪

　　　　王承斌　赵发娟　周祥云

大会组委会成员与嘉宾合影名单（从左往右依次为）

后排：

孙晓萌 周祥云 王丛雪 杨璧嫚 胡 晔 韩小璐 胡嘉佳

徐颖艳 孟 一 蔡道国 傅海棠 李 季 付爱民 徐长波

侯延军 佘瑞海 曹润生 于 忠 言程序 赵九军 刘 岳

前排：

张亚楠 侯亚楠 刘晓敏 高沛沛 赵发娟 吕 可 赵丽文

闫珊珊 王承斌 郭 昊 王 刚 王会仕 王风彪 黄武聪

任佳威 杨 劲 林 进 邢子恒 孙 阳

梁瑞安

现任上海砥俊资产管理中心总经理兼投资总监，北京大学光华管理学院金融系硕士、西安交通大学学士。

2002 年在中国国际期货从事研发工作，之后在某大型海外对冲基金任职多年，历任研究员、研究主管、商品期货执行董事。坚持基本面研究，形成一套独特的分析方法，擅长中长线单边交易和套利交易。连续 7 年盈利，过去 6 年总结了 6 万多字的投资随笔，倍受业界关注和好评。

2013 年加盟上海健峰资产管理有限公司，独立管理的"健峰对冲一号"以其稳定的业绩增长、高达 71.7%的收益率荣获由私募排排网颁发的"2013 年度中国最佳管理期货策略对冲基金（重量组冠军）"。2015 年开始管理"砥俊瑞安"系列私募产品，荣获好买理财网 2017 年 1—5 月阳光私募"宏观对冲策略"第一名，2018 金斧子第二届私募大会"至尊新锐奖"。

徐长波

徐长波，大连长波集团原董事长，企业家成功转型投资界的典型，清华大学深圳研究生院“实战期货班”高级讲师。有着近20年的期货投资经历。10年前独创一套人工程序化交易系统，2008年盈利达80多倍，2016年盈利4亿多元，至今每年均能稳定盈利，累计盈利已超过10亿元人民币。

胡嘉佳

冠军交易员，自称“半桶水”女侠。《期货日报》专栏作家（连续 4 年），央视、七禾网、交易之家等媒体的特邀嘉宾。

2005 年进入股票市场，2007 年开始期货交易。2010 年参加国贸期货全国实盘大赛，以 98% 的收益率获得了年度总收益率冠军；2016 年以网名“半桶水”参加期货武林争霸赛多次获得日冠军。作为国内少有的女性交易员，以有别于多数男性的市场观念，历经十数载交易历程，仍然稳健地生存在市场中，成为一抹独特的亮色。目前独立管理着近亿元规模的资金。

言程序

现为言起投资总经理、全球交易私募基金经理、《期货日报》专栏作家、CCTV“期货时间”大赛—兵器策略提供者、第七届全国期货实盘赛基金经理大赛评审。

言程序交易团队以其多元化交易策略，连续两年获得CCTV期货大赛第一名，多次获得期货实盘大赛第一名，并在2016年斩获“中国对冲基金·介甫奖”的两个重量级奖项——最佳量化策略奖和TOP30最佳对冲经理奖。

付爱民

上海睿福投资管理有限公司董事长、清华大学客座教授、CCTV“天纵期才”特邀导师、知名期货投资人。

2010 年获“第四届全国期货实盘交易大赛”第一名；2011 年获“第三届海通杯期货实盘大赛”第一名。

侯延军

深圳市厚石天成投资管理有限公司创始人、投资总监。有 24 年多的股票、14 年的期货投资经验，坚定的量化交易基金经理。

2013 年获 CCTV 期货大赛月冠军；海通证券全国私募实盘大赛量化组冠军；“中国对冲基金 · 介甫奖”——最具潜力对冲基金管理人、最佳 CTA 策略奖；资管网最佳量化策略基金奖。

王　刚

宏源期货机构部总经理，首席策略分析师，清华大学期货实战班特聘讲师。1996 年进入期货市场，20 多年醉心于交易策略和技巧的研究，自主研发的针对不同市场行情的 64 套交易策略均能稳定获利。有稳定的交易系统，操盘风格为“长线敢打敢拼敢持仓，短线快进快出稳盈利”。2004 年以来的大趋势基本收入囊中，历年来培训投资者近万人，独创的“三步判断顶和底”网络下载量超过 30 多万次。

佘瑞海

现任深圳市昌荣资产管理有限公司董事长，15 年银行从业经历，17 年金融交易经验，长期关注国家宏观政策并有深入研究，从股市获利 4 倍后转战商品期货市场，短短半年时间从 2000 万元做到 4 亿元。尊崇“大道至简、顺势而为、及时止损、放飞利润”的投资理念。

Preface
序言

很高兴能够为本书写序，因为就投资而言，经验的总结和技巧的进化是一件非常有意义的事情。我也衷心希望自己的心得体会能够对广大读者有所帮助。

在期货市场中，我已走过20多个年头。在此期间，我经受了成功、失败、再成功的多次历练。面对这些经验和教训，我自己所能做的就是：打造抗压能力，提炼交易经验，在不断地自我肯定、否定、再肯定的过程中，形成适合自己的投资理念和方法。

我的投资理念是“积小胜为大胜”，此处的“小胜”并不是“小富即安”的概念；而是站在长期获利和稳定增值的角度来理解，也是一个“复利”的概念。我的盈利水平第一次被社会所熟知，是参加了“第六届期货日报实盘大赛”之后。那时，很多人对照当时期铜的走势，对我的收益曲线进行分析，认为1000.3%的收益水平让人无法理解，因为当时期铜的走势在整个大赛期间几乎毫无趋势可言，只在不到13%的一个狭长区域内震荡。更为滑稽的是，当时很多人都在怀疑该收益曲线造假，甚至认为我这个人也是别人杜撰出来的。事实上，这个收益结果正是“积小胜为大胜”的直接体现。其实，别人眼中的“毫无趋势”，在我眼中却能分割成几十次完美的单边小趋势。

自 2013 年开始，清华大学邀请我在深圳研究生院讲课，讲授我的投资理念。在清华讲课的 6 年间，听过我课程的学生已经超过千人。在与他们交流的过程中，我发现尽管已经毫无保留地把自己的理念和方法都传授给了大家，但有些学生却始终无法掌握。在随后的反思过程中，我认为或许自己方法中的一些东西是只适合于我的，其他人就算学了也不一定能做得到。因此，我认为每一位成功的投资人都有一套适用于他自己的投资逻辑，别人无法完全照搬，只能辩证地吸取其精华。

期货市场是一个极其磨炼人的市场，在这个市场中，人性的弱点会被放大。我常跟学生们说，期货投资是个“三更穷五更富”的行当，期货就是浓缩的人生。一次投资失败的经历，就会让你尝尽人间百味。尤其需要牢记的是，在期货投资过程中，努力不一定会成功，但不努力一定不会成功。

希望各位读者朋友，能够在本书所介绍的诸位成功投资人的经验中找到适合自己的方法，付出努力并坚持下去。

2012 年第六届全国期货实盘大赛重量级组冠军、“沪铜大王”

冯成毅

2019 年 1 月 18 日

Contents

目录

第一章

供需理论在期市和股市中的运用

梁瑞安

我的投资生涯成长于商品市场，经过多年研究，目前对商品供需理论的理解已经深入骨髓。

当我从供需的视角切入股票价值投资领域后，发现了更确定的投资机会和更大的市场空间。

投资之路漫漫，我们永远在路上。未来我将继续以供需为主线，探索出一条适合自己的价值投资之路！

不积跬步，无以至千里

我的投资生涯虽然是以豆粕起家，黑色成名，但我做股票比做期货的时间还早了一年。

2001 年，我第一次进入股市，懵懵懂懂不得要领，满仓买了一只热门股——北方五环，这是一只有体育用品概念的股票。买该股的理由是“赌”北京申奥成功，成本是 14 元多（当时的市盈率似乎是一两百倍）。但申奥成功后，该股不涨反跌，好像出现了 3 个跌停板，由于想着总能扛回来，就一直持仓不卖。结果该股陆续跌了一两年，之后变 ST，变 PT，更可怕的是股价居然跌到了 3 分多钱，后来似乎只能去光大银行才能交易了。一怒之下，我连账户都不要了，账户是在北京证券开的，地址写的是北京大学的宿舍。因为当时没有手机，我只留了宿舍的固定电话号码。

从这次失败的投资经历中，我知道了什么叫利多出尽，何为市盈率，什么叫 ST、PT。面对着本金亏了将近 99%的现实，我得出的最终结论是：永远不要“炒”股！热点翻飞，如深海之鱼，与咱毫无关系，应该只抓桶里的鱼。“一朝被蛇咬，十年怕井绳”，之后 5 年我都没买过股票。

2002 年北大毕业后我误入“期”途，沉迷于统计套利，似乎找到了“摇钱树”，结果 2003 年遭受重创，一生难忘！其实，套利如同脚踏两船，而统计套利就更激进，专找两船距离最宽的时机来踏，奈何期海风浪难料，稍不留神两船漂移，轻则扯破裤裆，重则掉进海里！之后，我抛弃了统计套利，而选择了基本面套利，后来发现该方法仍然无法稳定获利，我就开始钻研技术分析。在看过几十本技术分析方面的书后，仍然把钱赔掉了。后来又返回到基本面研究，主要是研究宏观面。当时，我基本上把市场中常见的投资方法都试了一遍。

2003 年，我曾在大商所看“红马甲”做单，一秒内几个回合，输少赢多，日积月累，全年可以赚到几十万元甚至几百万元。他们的成功靠的是灵感、快速的跑道及超低的手续费。回去之后，我就再也没有勇气玩短线，因为在这几个方面感觉自己都技不如人。

2006 年，我来到上海，得良师指点，坚信供需决定价格，自此痴迷研究，乐此不疲。同时，开始接触价值投资思想——买股票等于买上市公司，长期看好就做好长期持有的准备，初步感悟到价值投资思想与商品供需理论其实是一脉相承。

2007 年 2 月，听专家说牛市来了，于是重新开了股票账户，买了招商银行和万科。后来，它们的价格都翻了一两倍，可惜我当时看高 1 万点，不懂得及时止盈。

2008 年，全球爆发了金融危机，当国内股市跌到 3200 点时，我账户里的利润得而复失，于是一狠心，就把股票全部平仓。从这次教训中，我知道了如果不平仓，牛市其实和你没关系；同时，我也深刻地认识到——危机时应该买优质资产。

2008 年底，我开始实践价值投资思想，投入全部资金买了贵州茅台的股票，90 多元的成本，一直持有到 2012 年 4 月才全清仓，卖价平均为 228 元，首战告捷。之后，力求做到知行合一，几年下来，价值投资之路稳健前行。但是后来的塑化剂、反腐等利空没碰上，纯属运气。卖了茅台后，我开始专心炒期货，轰轰烈烈干了 3 年，发现这玩意虽然来钱快，但也令人惊心动魄。

2012年，得好友点拨，我在投资理念上茅塞顿开，恰好又遇到了豆粕大牛市，开始重仓图暴利，杠杆低于10倍都感觉不痛快。从2012年开始，我坚持写交易随笔，记录激情燃烧岁月里的交易心得，在前行中总结，在总结中前行。视野逐渐拓展至其他投资领域，加深了对投资本质的理解。从商品供需理论到股票价值投资思想，开始逐步总结自己在投资道路上的心得。

2013年，通过研究平衡表，发现豆油的供需基本已达平衡，价格难以再涨。2013年元宵节之后，我就开始谋划空植物油，先空最弱的棕榈油，其次是豆油，最后是不活跃的菜油。2013年12月，根据供需理论，我开始重仓做空铁矿石。

2014年秋，听两个大腕说股市牛市要来，经过研究后我就开始做多股指期货，浮盈加仓，一路只加不平。

2015年6月16日，把股指期货的合约全平仓，依据的就是从2008年的教训中悟出的道理——大盘点位一两年翻一两番，但企业利润增速却没那么快，说明市场太不理性了！2015年底，基于多年对商品供需理论的理解，我坚定了自己对中国经济转型的判断，决定换个“牧场”，遂淡出期货，把主要精力投入股市，以期抓住中国崛起的时代机遇。

2016年1月，我开始一路买贵州茅台的股票，买了整整一年，当时的想法是持有三五年。

2017年，我负责的基金产品彻底转型——以股票为主、期货为辅，80%~90%的资金做股票求复利，10%~20%的资金做期货求暴利。

洋洋洒洒，流水账记录一下自己的投资成长史。只想说，我的价值投资之路都是从失败的经历中逼出来的。

投资那点事

核心观点

靠常识做投资（机）

投资界经常按研究方法区分派别，经典的分法是基本面派和技术派。我属于坚定的基本面派，但不排斥、不否定技术派。我从不看图做交易，认为只有探寻价格运动的本质原因，才能洞察价格运动的方向、持续的时间和运动的幅度。价格背后是供需，供需背后是逻辑，理清逻辑靠常识。所以，靠常识做投资（机），事半功倍。

大道至简

阅读提示

站得高，看得远

投资那点事，说简单也简单，说复杂也复杂。赢家把投资看得很简单，只用简单的方法去处理；输家把投资看得很复杂，就用复杂的方法来对待。一个事物，简单还是复杂，不取决于事物本身，而取决于观察者的思想。蚂蚁看地面，肯定是凹凸不平；从山峰上俯视地面，却是一马平川。站得高，看得远，是投资世界中最简单的法则。

价格波动本质上是市场参与者围绕基本面的一种博弈。基本面简单，博弈复杂。因为后者常常让人误以为基本面很复杂——永恒的错觉！懂基本面但不懂博弈者，宜轻仓长线；不懂基本面但懂博弈者，宜短线操作；既懂基本面又懂博弈者，乃顶级高手，怎么操作，只有他自己清楚。基本面影响价格，就如同发酵粉作用于面粉——发酵的时间足够了，做出的馒头自然松软香甜；心急的，常吃到死面粉疙瘩。

对基本面派来说，与品种选择相比，交易技巧并不重要，因此要远离短线。对我账户贡献利润前 3 名的品种，持有时间都长达 3 个月至 1 年，对我来说，长线确实是金。投资那点事，越勤快收益率就越低。

这几年，我更喜欢从确定性的角度区分派别：赚确定的钱的是保守派；赚不太确定的钱的是激进派。需要注意的是，重仓确定的大机会的投资者，不算激进派，只能说他懂得珍惜机会——毕竟大机会不常有。所以，投资那点事，宜“弱水三千，只取一瓢”，对于犹犹豫豫的机会一概剔除掉，只专注于值得深入研究的标的，然后择机重仓之！

玩投资十多年，越玩越有乐趣。乐趣不在结果，也不在过程，而在投资之前的思考。金融市场其实是金融理论的试验场，很公正、公平，奖罚分明：奖励对的理论，惩罚错的理论。投资需要在理论与实践之间来回穿梭：前几年是用血淋淋的经验总结理论的阶段；一旦能盈利，之后就是用理论指导实践的阶段，同时还要在实践中不断完善自己的理论体系。

当用自己的理论寻找到大机会的那一刻，确实特别兴奋；一旦下单交易，就要相信自己的判断。在持有的过程中，有时难免会带来一些痛苦，但往往痛并快乐着。投资的结果，就是对自己的理论加以应用的成绩单，当成绩单公布的那一刻，无论好坏，心里反而很平静、很淡然，因为一切都在预料之中。总之，投资那点事，对我而言，是知难行易，在“知”的层面探索，才是乐趣所在。

投资理念要端正

阅读提示

投资是赚看得懂的钱，投机是对看不懂的东西下注

不要指望看懂所有行情，而要把看懂的行情做到极致！

投资与投机

十几年前，我就看过投资的定义，当时觉得还是蛮复杂的。到目前为止，根据我十几年的投资经验，我对投资和投机有了自己的看法。

我觉得投资就是赚自己看得懂的钱，就是押注符合自己投资逻辑的标的。对成熟的投资者来说，投资就是守株待兔。因为成熟投资者的投资逻辑相对比较固化，就如同一棵根深叶茂的大树，深深地扎根于历史经验的土壤中，而投资标的如同来来往往飞奔的兔子，只有撞到大树的那只才属于自己。相反，不成熟的投资者往往会举着一棵小树追兔子，不但疲于奔命，效果还不好。

那么，投机又是什么呢？在我看来，投机就是对自己看不懂的东西来下注。或者，也可以这样认为：每位成熟的交易者都有自己的一套系统，如果违反了这套系统的原则来做交易，就是投机！

投资如行医，经验积累很重要，只有树立了正确的理念，投资才有可能成功。具体来讲，就是在你四处碰壁的时候，你要摸索出

一条对自己行之有效的道，它还必须经得起推敲。只要这条道能经得起自己的推敲，并能一以贯之加以执行，就会有收获！

经常听到有人表达买早或卖早之类的惋惜之情；但我却认为，在投资过程中，一城一池的得失并没有那么重要。如果把投资看作是长跑，几个策略的得失并不会阻碍你前行的步伐。

收益曲线的形态最终由你的投资理念决定，而不是由投资技巧决定。投资理念的选择在于你的性格，假如长期不盈利，则很有必要反思并改变自己的投资理念。今天你选择什么样的投资理念，决定了你三五年后的投资生活的样子。

投资理念多种多样——你的理念也许是突破就建仓、期现套有利润就做空、宏观看淡就抛铜等等；而我的理念就是供需决定价格。

将军赶路，不追小兔

这句话说的是我的交易风格，是一位北大的师兄帮我总结的。他说我的交易风格可以用 8 个字来概括——将军赶路，不追小兔。我认为这个概括与我的交易风格很契合，很遗憾做了十几年交易我自己都没总结出来，所以我把它写成大字并挂在办公室门口。

将军赶路里的“赶路”是指我对财富稳定增长的追求；不追小兔中的“小兔”则主要指小机会。抓小机会会浪费精力，我曾经折腾过的小机会多如牛毛，最终结果是输赢基本相抵。所以，折腾小机会是浪费生命，每次折腾日内交易，我就觉得自己胸无大志。

可以从 3 个层面来阐释一下我对小机会的理解和做法。

第一个层面，是交易周期的层面。我也做过短线，当时做短线套利一个月也能挣百分之十几，但后来还是果断放弃了。因为我觉得天天盯盘做，虽然挣了钱，但是压力很大，精神时刻处于紧绷的状态。感觉更适合自己的方法是，用更长的时间来寻找大机会，并且一次就能让自己的财富翻倍，于是我就放弃了短线交易。后来我做了一个策略，还真把资金翻了几倍，从此我就基本不碰短线了。当时我就觉得，凡是让我经常操作的东西我都不想做了。

第二个层面，是品种切换的层面。有些人熟悉农产品就天天做农产品，我不这样。比如我做了几个月农产品，收益翻了几倍，后面我就不会再做它了，为什么？因为老天爷给的机会都是10年一遇、百年一遇的，一旦过去，未来几年可能就只剩小机会了，该品种也就没有太大的获利空间了。因此，你不能因为一段时间在某个品种上挣了大钱，就天天守着这个品种。所以，小的机会我就直接放弃了。我操作的品种切换得很快，比如我今年做豆粕，明年可能就做植物油，做完植物油做菜粕，做完菜粕又做铁矿石，做完铁矿石，中间有浮盈又马上买股指，等等。在品种的选择上，我是不断进行切换的，我就是想抓住大机会，对小机会完全不感兴趣。

第三个层面，是市场切换的层面。2002—2015年，我交易的重心在期货上；2015年以后，我觉得大机会应该在股市中，就把主要精力放在了股市上，这也是一种切换。总是做小机会，业绩从哪儿来？我们做资管的目标就是赚钱，不是对什么熟悉就做什么。我2001年开始做股票，2002年才开始做期货，家里的书只有几本是与期货有关的，剩下都是与股票有关的。为什么？因为我觉得股票还需要不断学习，而期货主要就是研究供需，我对此已经研究了十几年，对期货的认识已经很清晰，不需要再花费太大的精力去研究了。未来，我需要在更大的市场里学习、交易，让委托给我的资产稳定增长。

有大局观，才能赚大钱

怎样能赚大钱？一定要有大局观，就是要不拘泥于一些小节，不拘泥于一些中小机会，也不拘泥于某个市场。在信息爆炸的时代，信息是海量的，必须有大局观才能做到抽丝剥茧，找到问题的主线，看出事物的本质。在交易过程中，大局观决定成败。细节固然重要，但远没有大局观重要，二者不在一个层次上！缺乏大局观，细节做得再精致，也难成大器。当然，大局观与精致的细节同时兼备的话，就更完美了。

在金融市场中，应该只做简单的事情。什么事情最简单？当然是把握大势，抓大机会。应该把99%的精力放在分析大趋势上，而不应该花哪怕1%的精力去做深、做透小机会。所以，当有了自己的盈利模式之后，在投资过程中主要解决的问题不是分析观点的对错，也不是做错后该怎么止损，而是判断当前机会的大小。

什么是大机会

什么是大机会？就是用你的评价系统很容易就能识别出来的机会。大机会如同一座城市的地标建筑，远远地一眼就能看出来；小机会如同市井杂货铺，多如牛毛。80%的人都能看出各种各样的机会，但却没有花功夫从里面筛选出大机会。识别大机会如同选美，虽然每个人心目中的美女各有不同，但冠军毕竟只有一个，要想选的话，最终总能被选出来。

对投资机会大小的判断因人而异。大机会虽然出现次数少，但机会越大逻辑越清晰；小机会虽然出现次数多，但机会越小逻辑越不清晰。大部分交易者不是看不见大机会，而是把大机会和小机会同等对待了。交易多年的投资者，如果一直未能盈利，就需要反思一下，是否犯了以下 3 条中的若干条错误：第一，大机会小做；第二，小机会大做；第三，没机会乱做。

怎样才能抓到大机会

供需严重失衡的时候，一定会产生大机会，怎样才能抓到它呢？你必须拥有像猎犬一样敏锐的嗅觉，对行业的巨变及时作出反应。具体来讲，有 3 个必要条件：第一个，遵循久经考验的投资理念；第二个，多研究几个品种，正确选出有行情的品种；第三个，正确选时。

2010 年之前，中国闹工业革命，基本金属价格直冲云霄，成就了很多期货大腕；2010—2012 年，是农业革命，棉花大行情造就了几个期货神话。这些行情，如果你都经历了，只要抓到一次，人生就可发生质的飞跃！抓大行情，这是投资者的使命。

发现了大机会，如果只小仓位介入，叫“参与了”；只有重仓做才叫“抓住了”。如果一个难得的大机会自己仅仅是参与了，那是一件非常遗憾的事。许多交易者常常大机会小做，小机会大做，折腾一年——“杨白劳”。大机会不常有，需要耐心等待，一旦出现，就应该果断重仓出击。所以，2012 年，南北美大豆同时减产，此时你可以重仓做多豆粕；2013 年，全球大豆供应问题解决了，却引发了油脂严重过剩的新问题，此时你可以重仓做空油脂。

投资就是投时代

如果把眼光从热门个股和热门行业中转移出来，眼界放宽的话，你会发现投资其实就是投国运、投时代。

中国人用短短的 40 年跨越了 3 次工业革命，走过了西方国家大概 10 代人走过的路。所以，这是属于每一个中国人的伟大的时代。伟大的时代，一定会诞生伟大的企业。而我唯一要做的就是寻找并投资这些伟大的企业，让时间见证价值。

随着移动互联网技术的蓬勃发展，在“互联网+”思维的影响下，新的商业模式应运而生，这是一种新时代的“连接”思维——将司机与乘客连接，催生出了“滴滴”；将餐馆与食客连接，催生出了“饿了么”；等等。这种思维解决了之前行业间存在的供需之间严重的信息不对称、效率低下和交易成本高企等问题。

各行各业都会随着时代变动而变迁，不适者将被新兴行业替代。这种替代分为两种：第一，同行业替代，比如数码相机行业替代了胶片相机行业；第二，跨行业的替代，比如智能手机行业替代了数码相机行业。所以，我们应该放弃被替代的行业，拥抱正在蓬勃发展的新行业。

二级市场的投资者如果有没看到这种转变，就太不敏感了。例如，如果看不到高铁的快速发展，闷头长期持有航空公司股票的话，投资结果可想而知。

目前，我国经济正处在转型时期，从追求高速增长转为追求高质量增长，经济增速已经下降到个位数，对大宗商品的需求增速也在逐步放缓。那么，大机会更有可能出现在接近消费端的下游行业，而不是供给端的上游行业。所以，我们应该把投资重心从商品期货转移到股票上来。我们要做的就是寻找各行业中的龙头企业，长期持有以便享受中国崛起带来的红利。

看准了得敢于重仓

阅读提示

高手与新手的区别就在于，机会接近100%确定时敢不敢下重仓在交易过程中，对于大机会，看准了就要敢于重仓，但又不能天天想着重仓。从来没重仓过，说明你还没领悟到投资的精髓；天天重仓，说明你对投资之道还没入门。每个投资者能识别出的大机会是不多的（或许几年一遇），如果像对待普通机会一样对待它，那么你的投资生涯就难以实现非凡的一跃。高手与低手的差别就在于，机会接近100%确定时敢不敢下重仓！我们应该耐心等待确定性高的大机会出现，然后重仓之！

期货大佬们的盈利秘诀

10年来，看到或听到国内10余个期货大佬的传奇故事——赚了上亿元甚至超过10亿元的利润，他们是我国期货界凤毛麟角的成功者，是我们学习的榜样！

我肤浅地试图总结一下他们的共同之处：第一，身经百战，对投资品种的理解都很深刻；第二，不在乎价格的短期波动；第三，能抓住大行情并能重仓持有。其中，我认为第三点尤其重要：做期货，只追求稳，不如去做债券；只追求稳、准，投资业绩会一直很平庸；只有加上"狠"劲，投资业绩才会有质的飞跃！因此，期货投资生涯不是匀速长跑，而是需要有瞬间爆发力的变速跑。

期货高手的过人之处，不在于每次分析行情时的准确率有多高，而是具有灵活运用杠杆的能力，该重仓时绝不手软，该砍仓时绝不拖延！我心中的持续盈利，不是积小胜为大胜，而是把积小胜看作练兵，真正目的是在天时、地利、人和时打大仗！一旦遇到10年一遇的大行情，如果只赚了一点点，就是浪费了10年的期货青春。

期货要获得暴利，必须在一两波大行情中不断浮盈加仓，在拐点到来之前陆续减仓。需要提醒一点的是，浮盈加仓是把"双刃剑”，它成就过很多牛人，也毁过很多牛人。所以，浮盈加仓需要辩证地来看：如果有太多浮盈，说明价格已朝你的预期方向运行了一大段，此时的收益风险比已大幅下降，按此标准是不宜加仓的，反而应该减仓！

无论期市还是股市，都是围绕基本面展开的财富游戏，大成者必是既精通基本面又洞察人性者也！

确定性与仓位

投资的本质就是寻找确定性，确定性源于研究的广度和理解的深度。为了提高确定性，要研究、研究、再研究！而对一个品种的理解会随着经验的积累自然而然地加深。

重仓源于了解，了解了供需状况，明白了投资标的为什么涨跌，才是重仓的根本。不懂重仓的真谛是阻碍自己投资成功的最大障碍，如果研究供需状况后发现，这是 20 年一遇的大机会，那你为什么不重仓呢？重点不在于重仓，而在于你对这个机会是否真正确认了。

确定性与仓位之间是正向关系，确定性越高，仓位就越重。如图 1-1 所示，这是我凭感觉画的一张确定性与仓位两者关系的图。每年翻几倍的高手必定是在 90%~100%确定性（主观胜率）的机会中下了重仓！对于每位交易者而言，接近 100%确定的机会，少则几年碰到一次，多则一年遇到一两次。如果遇到这种机会，不必去借钱，充分利用好杠杆就可以。

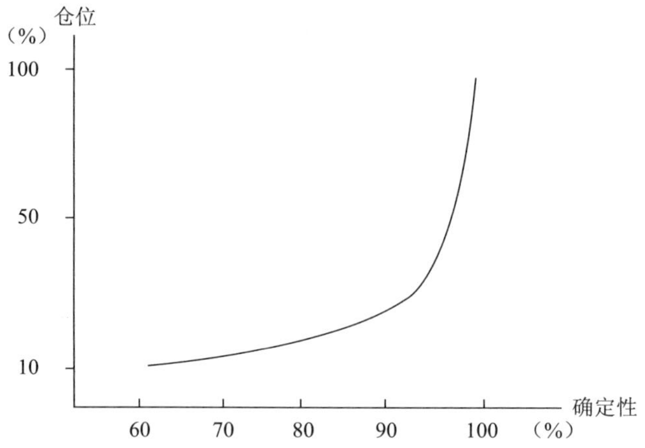

图 1-1　确定性与仓位

据我了解，目前期货市场上的高人，都不是平均分配“子弹”的，他们平常都是用“小子弹”练手，遇到大行情才会用“大炮”轰。许多人事后的胜率低，主要是由止损造成的。比如某高手两年只做了两波大行情，行情启动前共止损了 8 次，死拿了 2 次，虽然赚了大钱，但事后看胜率只有 20%。但是，在我眼里他的胜率是 100%，而不是 20%。

在处理确定性和仓位两者的关系上，我的方法是：做期货时，判断做多还是做空，只需要花 1%的精力即可，而把剩余 99%的精力花在评估机会的确定性上。对基本面的理解越透彻，决策的确定性就越高。当确定性接近 100%时，仓位可以成 10 倍地增长，“鸟枪”可以瞬间变“大炮”。

投资股票时，两个标的相比较，只要我能确定 A 比 B 更确定，如果流动性允许，我就只买 A 不买 B，而不是 A 买 80%，B 买 20%。例如，我觉得高端白酒股票比牛奶股票更确定，我就删了牛奶股；高端白酒股票中茅台最强，我就不配置五粮液、泸州老窖。因为我觉得买次优股的机会成本太大了——最优股的潜在涨幅，所以不舍得乱花钱去配置次优股。

期市盈利模式

核心观点

通过基本面研判商品价格走势

回顾自己 10 多年的期市生涯，可划分为 3 个阶段：2002—2005 年，瞎摸索阶段；2006—2011 年，坚信供需决定价格，轻仓做长线阶段；2012 年至今，重仓做高确定性机会阶段。

我认为：做期货前 3 年主要是学会不亏或少亏；3 年后学会怎么持续盈利；5 年后学着寻找哪些机会可重仓；10 年后思考期货是否值得做一辈子。

基本面交易方法

阅读提示

主要分析供需基本面

在期货市场中，基本面交易方法的特点有：第一，需要懂产业链供需的基本面知识。第二，比较适合中长线交易。第三，进出场点位不容易把握。第四，较容易识别出大趋势的驱动力。第五，供需基本平衡时难以找到交易机会。第六，易学，并且成功率高。第七，基本面交易法的最优持仓周期主要由供需弹性和风险收益比决定。供需弹性决定了供需平衡表状况的切换频率；风险收益比决定了仓位的大小，风险收益比不符合标准时务必全部清仓离场。

判决商品价格走势时，我主要分析期货品种的供需面，而很少分析宏观经济。我认为：如果供需的主要矛盾在供应一侧，看宏观经济是隔靴搔痒；只有当供需的主要矛盾在需求侧，而宏观经济又是需求的主因时，我才会多关注宏观经济。当然，我不否认 2008 年金融危机以来，很多高手靠分析宏观经济发了大财，主要是这几年宏观经济的大幅波动导致了需求预期也大幅波动。

长期来看，大宗商品的走势特点有些类似于股市中的周期股，其价格呈现周期性的大箱体波动走势。价格周期的拐点往往滞后于供需平衡的拐点（注意，这里的“需”特指真实消费）。因为牛市中的补库行为增加了商品的需求，给行情火上加油；而熊市中的去库存行为让商品的需求雪上加霜。所以，商品的价格运动具有惯性，经常会涨过头、跌过头。因此，靠基本面分析可以提早预判价格的顶和底。

商品价格既有合理性又有不合理性，今天的现货价格已经充分反映了历史的消息，如果你看出它的合理性，说明你读懂了价格波动背后的逻辑。然而，从未来供需平衡的角度看，今天的价格不一定合理，谁看懂了它的不合理性，谁就发现了机会。对价格永远保持质疑的态度，是优秀投资者应有的特质。

我的商品期货投机风格，是重逻辑轻交易。按照自己的逻辑体系，从无数商品中筛选出两三个供需最容易失衡的品种，然后深入研究，如果可以证明该品种即将供需失衡，就马上重仓它。交易技巧对我而言，是锦上添花的东西，盯盘太久我反而会有负罪感，感觉不如将这些时间用于研究供需状况来得踏实。

供需决定价格，价格影响供需

阅读提示

供需是商品价格运动的核心

“供需决定价格，价格影响供需”的规律，适用于任何商品。需要注意的是，对于小品种的商品期货而言，期货价格短期内影响供需的程度会比你想象的要深，原因是“钱多，任性”。

供需决定价格

我认为，供需是商品价格运动的核心，其他因素都是次要矛盾。供需决定价格，不是成本决定价格。

供需之所以能决定价格，主要是个体的生产者永远根据短期的利润去安排生产，从来不清楚，也不关心整体的需求是多少，结果导致供应与需求永远错配，价格波动周而复始——供应增速跟不上需求增速，价格就一直涨；需求增速跟不上供应增速，价格就一直跌。举例来说：出售 10 个苹果，如果有 10 个人来买，每人只买 1 个，那么价格往往很公道；如果需求还是 10 个苹果，但只有 7 个苹果出售，那么价格就有可能翻番。

供需平衡时的曲线如图 1-2 所示，S 代表供给，D 代表需求，此时的价格为均衡价格。2002 年至今，我已经做了 16 年的期货，基本上就是研究这张图。这张图看起来很简单，但是要想用好它，恐怕要花上多年的时间。

在牛市中，需求不断攀升，供应跟不上，供需失衡导致价格在会短时期内大涨（见图 1-3）；在熊市中，供应不断攀升，需求跟不上，供需失衡导致价格下跌（见图 1-4），但价格一般跌得比较慢且持续时间长。这就是“牛短熊长”的理论基础。因此，牛市中加仓要果断、要狠，熊市中持仓要有耐心。如果牛市中缩手缩脚不敢加仓，常错过大机会；而熊市中狠加仓，常会死在反弹中！

打个比喻，商品的价格如同悬浮在空中的气球：供不应求时，供需的棒子往上击打一下，气球就会上升一段距离；过一段时间，如果依然供不应求，棒子再往上击打一下，气球又会上升一段距离；如此走走停停，直至供需平衡，这就是商品的牛市。反之，商品的熊市表现亦然。需要引起投资者注意的是，牛（熊）市中千万别猜价格，更不要摸顶（底），因为气球的精确位置是很难确定的，往往供需出现 1%的失衡，价格就可以涨跌 10%。

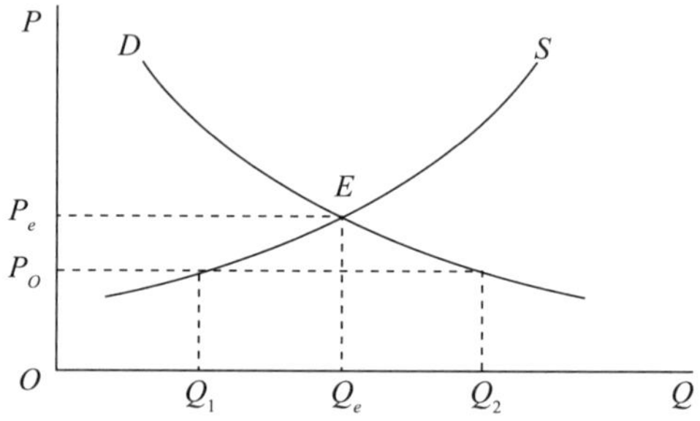

图 1-2 供需平衡时的价格

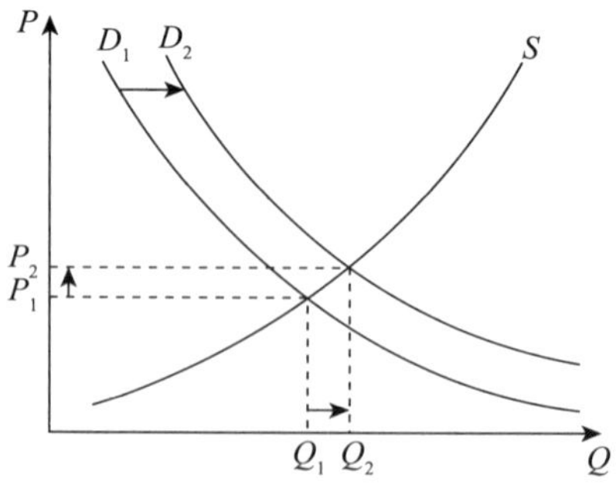

图 1-3 需求大于供给时的价格

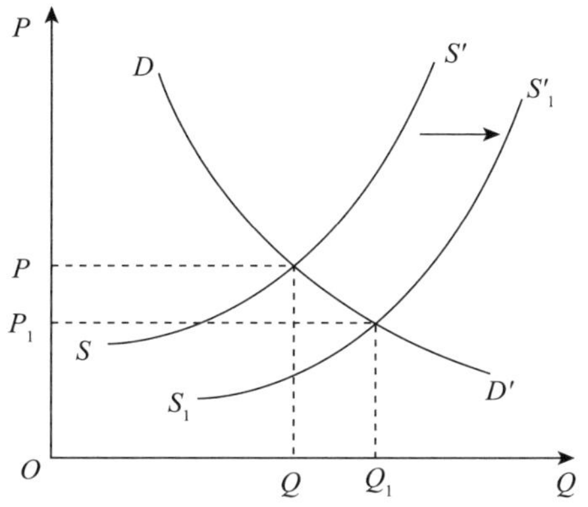

图 1-4　供给大于需求时的价格

具体到资本市场来看：供需、资金和情绪都会影响价格。其中，供需决定中长期价格；资金和情绪影响中短期价格。如果有题材，资金就会像苍蝇叮上有缝的鸡蛋一样蜂拥而至，大肆炒作。此时，大户影响价格的短期波动，散户在推波助澜中迷失。

情绪对价格的影响总是按均值回归的，只不过时间可长可短而已。平时常说的“价格不合理”，是指情绪对价格的影响偏离均值太远，有回归的必然性。如果忽略市场情绪，单靠供需面做交易，赚钱是没问题的，但是收益曲线回撤会比较大。所以，必须融入对情绪的理解并加以利用，通过细化交易策略，把收益曲线做得更平滑。

国内的政策常常影响供需，甚至是供需分析的主要变量，而政策又存在很大的不确定性，因此，建议对政策不具有信息优势的投资者少玩政策主导的品种，如棉花、白糖等。

供需决定价格，利益驱动供需，人为利益所动，研究供需规律其实就是研究人性！

价格影响供需

价格变动会反过来影响供需。这句话可以这样理解：天平两端是供需，游码是价格，当供需不平衡时，只能通过调节价格使之平衡。

价格怎么影响供给？

对于工业品来说，比如说铁矿石，原来价格在三四十美元时，由于利润太少，企业不喜欢扩大生产规模；当价格涨到150美元时，在盈利的刺激下，企业就会扩大生产规模。对于农产品来说，例如玉米，每斤1元以上时，肯定会激发农民的种植积极性；每斤0.6元以下时，种植面积就会下降。

价格怎么影响需求？

比如喝酒应酬，茅台每瓶售价如果是2000多元，超过了普通人的消费能力，大家在酒桌上就会悠着点喝，本来能喝两瓶的，可能就只喝一瓶。如果每瓶售价变成800多元，普通人能消费得起了，本来喝一瓶的就会变成喝两瓶了。再比如，奢侈品LV的包，一旦节假日打折，销售量就会比平时增加。所以，价格对需求也是有影响的。

如何利用供需理论获利

巴菲特滚雪球的秘密，就是找个很陡、很长的斜坡，把雪球轻松滚大；做商品期货的奥秘，就是找个供需严重失衡的品种，将行情干到底！当商品的供需基本平衡时，无论你研究得多么精细，都是震荡行情，逼着你高抛低吸；当供需严重失衡时，必出大行情，此时你只需抓住供需的大矛盾，重仓持有几个月甚至一两年，利润必会有质的飞跃。

举个例子，2006年，我看好美国玉米，因为美国能源法案提到了燃料酒精，计划未来几年要拿出1亿吨玉米来做燃料乙醇。本来全球玉米的供需是基本平衡的，但美国的规划将导致全球对玉米的需求增长，玉米的供需将要失衡。正是因为看到了这一点，我做多玉米，一年多资金翻了一倍。

在十几年的投资生涯中，我认为有3句话比较实用——宏观经济分析定方向；供需特征比较选品种；产业链细节择时机。短短的3句话，我实践了十几年，经验的积累和理论的总结确实是一个漫长的过程。在分析商品供需状况的过程中，通过对库存的分析可以洞察到产业链发展的玄机。

静态的库存水平，代表历史的累计供需平衡之和。引起库存变化的原因有多个，有时是供需不平衡的结果，有时是产业链主动去库存的结果，有时是产业链主动补库存的结果。如何对它们进行区别？一般看价格走势，再结合行业动态：价跌库存降一般是主动去库存；价涨库存增则是主动补库存。如果一个商品去库存多年，绝对库存水平处于历史低位，并且产量与消费量之间有很大的缺口，那么，将来该商品的价格必然暴涨。

同一条产业链，只要终端产品长期看跌，那么，它的原材料和中间产品一定长期看跌（例如PP、PTA）；同样，同一条产业链，只要原材料长期看跌，它的终端产品一定长期看跌（例如铁矿石），这是商品运行的基本定律。根据这条定律，分析产业链就简单多了，任何产业链只要抓住其中一个最容易分析供需平衡的环节切入，其他环节的问题就会迎刃而解，用此法研究同产业链上相关商品的走势能事半功倍。比如，在研究钢铁产业链时，如果供需数据支持长期看空铁矿石，那么螺纹钢的后市基本就不需要再花精力去研究了。

在研究供需理论时，需要注意：供给等于产量加库存；真实的需求却是等于真实的终端消费加投机性需求（因为看涨而多买的需求）。一般说来，前一句话没什么文章可做，需要关注的是后一句话。因为僵化的供需分析只静态地盯住真实的终端消费，而没有看到动态的投机需求，后者有时候来势汹汹，会让人大跌眼镜。牛顿的那句话——他能算出天体运行的轨迹，但算不出人类的疯狂，同样适用于中短期的商品市场。

对我来说：15 年前炒期货，听听消息就行；10 年前玩期货，看看供需平衡表便可；5 年前投资期货，看看月度、周度数据就灵；今天搞期货，不但要搞清楚供需平衡表，月度、周度和日度数据，还要推敲未来 3~6 个月这些数据的变化方向。市场确实在进步！但不要紧，您只要跑得比市场快一点，就有相对优势了。

商品期货分析方法

阅读提示

找到未来主要的供需矛盾

我的商品期货分析方法，主要涉及工具和思路两个方面。

工具：供需平衡表

把供需平衡表作为研判商品价格的工具，是 2005 年公司的叶总他们摸索出来的。我们知道，供需决定价格。这就要求我们在投资具体的品种时，需要知道未来半年或一年，该商品的供需是否已经失衡，这就需要研究供需平衡表。供需平衡表虽然看上去简单，但不下功夫的话，很多人是读不懂的。

供需平衡表中的数据必须真实有效，否则没有任何指导意义。我们以前自己摸索的时候，其他公司或个人的报告基本不看，就在会议室研究供需平衡表，所有的数据都是我们自己搜集整理的，最多引用一次权威的第三方数据。为什么？因为我觉得要想拥有核心竞争力，就必须解读出供需背后的东西，分清哪一些数据是真，哪一些数据是假，哪一些是高估了，哪一些是低估了。另外，我们还把投资标的的年度供需平衡状况的每一个分项，精准落实到月度、周度和日度数据里面。只有掌握了这些信息，我们才能真正把握住机会。

供需平衡表的可靠性由商品的供需弹性决定——只有在供需相对刚性的时间尺度内，分析平衡表才有意义；跨越供需对价格变动反应的时间尺度，去分析平衡表是没有任何操作意义的。供需弹性比较大的品种，在中短期内价格的波动呈无序状态，如乒乓球般来回乱蹦，投资周期必须短于供应（需求）对价格变化的反应时间。对于这些品种（往往是下游品种），深刻认识其供需特性远比摆弄供需平衡表重要。

举个例子，比如甲醇，它是化工产业链的中间产品，研究其未来的供需平衡表很难，因为你无法确定它的需求量。从供需特性上看，甲醇的需求量由几个聚烯烃原料的相对经济性决定，当甲醇最不经济时，工厂会尽量少用，甚至不用它来生产聚烯烃。

用供需平衡表分析商品价格非常有效。需要注意的是，平时我们放进表里的“需求”一般都是正常的需求，当危机来临时，真实需求会在短期内大幅下降，“管道需求”因预期改变也会大幅下降——去库存，从而导致短期内商品明显供过于求，商品价格就会暴跌。2008 年的商品价格暴跌就是一个经典的需求崩溃案例。

在研究商品的价格时，几乎任何商品看供需平衡表都奏效。唯有黄金，无论你怎么研究其供需平衡表，都难以判断其中长期价格的走势。因为历史上常发生这样的事：供给连续几年过剩，但价格照涨不误；供给有缺口的年份，有时价格也照跌不误。问题可能出在：黄金有庞大的库存！当年的过剩或缺口数量，相对于几十年的库存数量来说，是“小巫见大巫”。

思路：预判、决策、跟踪

预判、决策和跟踪，讲究的是独立思考，不人云亦云。对于预判和决策，强调的是盈利都是预先规划好的，并非一时起意，从开仓那一刻起就计划要重仓，而不是随着价格变化而被动重仓。我总是充满激情地去做这些事，一旦前期工作准备到位，一想到资金将来要翻几倍，能没有动力吗？事后来看，事前的预判基本上都能兑现。

对于跟踪，是指对原来的很多假设要紧密跟踪，随着时间的延续，要考虑这些假设是否符合事实，是否偏离了正确的轨道，是否需要修正，等等。

分享两个我实际操作过的案例。

2012 年的豆粕，是我整个职业生涯的起飞点。在做豆粕之前，我花了 5 天时间研究“浓汤野人”（林广袤）的棉花期货投资经历，研究他是怎么把资金从 600 万元做到 20 亿元的。在读完他所有的文章后，我发现以前的思路有问题：在期货市场里面不应该只想稳定赚钱，而是应该思考怎样获取暴利。我稳定了 10 年其实也是错了 10 年，每年赚三五十没意思。其实，我判断事情发展的准确率是蛮高的（这一点很关键），就是在建仓上比别人保守了，因为追求稳定盈利，导致我前 10 年的投资业绩很平庸。直到 2012 年，我的思想彻底转变了：我决定从此以后就要重仓赚暴利，要满仓，杠杆要 10

倍，少了感觉不痛快。

我觉得自己的运气不错，刚总结出这个结论，想要实践一番时，就碰到了豆粕的机会。以前，我在期货公司的第一份工作，就是做农产品研究，我经常研究豆粕过去 60 年的走势及其背后的供需状况，还有农业部（现农业农村部）的报告，比如说每月、每周的进度，就是说我把大豆的走势及基本面数据复盘过很多次。因此，我对大豆这个品种还是很熟悉的。

当时南美大豆减产，但很可惜我没抓住这个机会，后来就死盯着大豆的走势。2012 年五一之后，北美又面临百年干旱的问题。南北半球同时减产，这属于小概率事件。所以，我认为，这可能是 20 年才发生一次的事情。一般来说，我们从 20 多岁开始参加工作，到 60 岁退休时也不过才工作了 30 多年，人生能有几个 20 年让自己挥霍呢？所以，这次的机会尤其宝贵。当时我就想明白了，就是满仓做多豆粕，而且要天天满仓，当时我也是这么做的。

通过豆粕这次战役，我认识了很多大佬。他们每个月都给我打电话，问我豆粕怎么看，我说干柴烈火；下一个月又问我怎么看，我还是说干柴烈火。我大概从 3100 点开始做多，他们问我目标价位是多少，我说 4000 点肯定到（见图 1-5），所以一直做多。两个月资金大体翻了 10 倍吧，这是我重仓做期货的起点。后来一路都是这样操作，每年都做一两个品种，基本上都是重仓，杠杆可能都在 10 倍，三五倍都感觉不过瘾。所以，做了 3 年期货，资金大体翻了 100 倍。

图 1-5 豆粕周 K 线走势图

做空铁矿石，是我 2014 年的一场经典战役。其实，做空铁矿石是我蓄谋已久的，我从 2009 年就寻找做空的机会，当时做空的逻辑很清晰：矿山投产高峰遇上中国消费见顶，铁矿石的命运注定是大跌！

还是利用我擅长的供需分析方法：从需求方面看，当时国内的大背景是经济要转型，房地产、基建、固定资产等领域的投资增速要下降，这将导致原材料的需求下滑，钢铁的消费增速下降；从供给方面看，铁矿石从几十美元最高涨到 180 美元，会刺激企业扩大生产规模。不难看出：需求下滑叠加供给增长，两者的平衡已经被打破。供需错配使得铁矿石具备了做空的基本条件，关键是等一个好的介入时机。

我在新加坡开了户，之后经纪人天天在微信上报价，我都无动于衷。铁矿石在 180 美元时我没空，160 美元时也没空，从 2013 年的 3 月一直等到了 12 月。为什么呢？因为我觉得介入条件还没完全满足，我要等的是新增产能开始运出来的那一刻。大概是 2013 年 9

月，新增产能开始逐渐释放出来，我想量变到质变应该有一个过程，可以再等3个月，我就从9月一直等到了12月。

等到12月时，我就有些等不及了，开始做空，而且基本满仓。因为当时我判断2014年国内对钢铁的需求大概是零增长；而新增产能的释放，会导致铁矿石的供给大大超过需求，全球大概会过剩1亿吨。根据供需模型，我判断，铁矿石的价格大概率会腰斩两刀，耗时是两三年。

那时候国内期货市场中的铁矿石走势还不活跃，价格大概是每吨920元（见图1-6）。当时很多朋友都在空橡胶，奇怪我为什么要空铁矿石，说铁矿石横盘为什么还空。在当时的情况下，记得我的空单排在了仓位持有榜单的前5名，后来铁矿石价格就崩掉了。我的空单持有了21个月，见证了铁矿石从120美元到30美元左右的大跌，实现了我对其价格腰斩两刀的预期。

图1-6 铁矿石周K线走势图

平掉铁矿石空单的理由也很充分：铁矿石的价格已经跌破成本线，很多企业开始亏损；国内螺纹钢的价格当时是每吨 1600 元，合每斤才 0.80 元，简直是大白菜的价格。看到这些情况，我就离场了。离场之后，由于思想没有及时转变，我错失了后面由供给侧改革导致的黑色系价格大涨行情。

股市盈利模式

核心观点

赚人心的钱——难

赚企业成长的钱——相对容易

在股市中断断续续摸索了 15 年，我觉得要想在股市中盈利，就只有两种方法：第一种，赚人心的钱，就是从众和炒概念，比如听很多人说某股低估了，就去炒一把；第二种，是赚企业成长的钱，比如说贵州茅台，企业不断成长，产品也不断提价，买这种股票就是赚企业成长的钱。在我看来，赚企业成长的钱相对容易些，尤其是在经历了 2008 年的“跑龙套”行情之后，我就更加坚定了走价值投资之路。

何谓价值投资

阅读提示

依据企业的内在价值买卖股票，重选股、轻择时关于价值投资，我认为就是依据企业的内在价值买卖股票，然后重选股、轻择时。下面解释一下这句话：

首先，从理论上来说，一家企业的内在价值由未来自由现金流及资金成本决定，由于无法精确知道未来的数据，故大部分投资者只能靠历史数据和较短期的预测数据做出判断。或者，也可以把出清价格当成企业的内在价值。从理论上讲，出清价格是将企业卖掉时，买家愿意支付的价格。

在评估内在价值时，企业的未来自由现金流难以计算，假如企业的经营长期稳定，不妨参考一下企业历史累计赚到的现金总额。并且，可以用市值除以累计赚到的现金总额作为选股时的参考，该比值越低，企业越有吸引力。这种方法可以用来观察哪些股票是“现金奶牛”。

其次，虽然我强调选股重于择时，但并不是完全忽略择时。在选股方面我花 90%的精力，在择时方面也有 10%。

关于价值投资，有几个常见的误区：

第一，基本面非常优秀，不管何时买入都是正确的。比如股价在一年内涨了 1~2 倍，但基本面非常优秀，此时买入算不算价值投资呢？我认为不算，这其实就是基于基本面的趋势投资。像这种股票，一旦碰到 1~2 个月的销售业绩下滑，股价往往要暴跌 30%~50%。上述问题论及了价值投资和趋势投资的实质性区别：价值投资是低买高卖；趋势投资是高买高卖。

第二，价值投资就是买入价格要低于内在价值。这种理解虽然没错，但既不全面，也不深刻。这种想法有时会过于注重企业的短期表现，而忽视其长期盈利状况。因为一家企业的内在价值很难准确测算，按照这种思路买股票，有时容易陷入“哪个便宜买哪个”的误区。

第三，价值投资就是买入股票后长期持有。在我看来，长期持有是有条件的：在市场低迷时，买进心仪价值股后要做好长期持有的准备；遇到市场发疯，估值异常高时，就应该清仓而不必再刻板持有，应该让价值投资提前完美收官。或许，也可以这样认为：长期持有是为了等市场发疯——大牛市是价值投资者的意外收获！

我认为，企业的内在价值是动态而非静态的。因此，10 年后的企业价值可能和今天的企业价值差异非常大，我相信最先看出这种动态变化的肯定是其管理者。所以，真正的价值投资者应该以企业家的思维方式去思考，而不是以政治家、经济学家和大众化的基金经理的思维方式去思考。所以，把一只股票加入股票池之前，我都要反复问自己：未来 10 年看好这家企业吗？

价值投资在任何国家的股市都适用，那些认为价值投资在国内股市中失效的观点是有偏见的。其实，不是价值投资在 A 股中失效，而是以价值投资理念能寻找到的投资标的数量比较少而已。长期来看，股价只与企业的成长性有关。所以，一旦股价遭到恶炒，严重偏离了企业的内在价值，透支了企业的未来，必将导致未来股价长期向内在价值回归。

在价值投资者的眼里，短期内的股价下跌不一定是风险，因为风险主要来自企业的经营层面，例如：产业政策突然改变、研发主管离职、产品安全事故等等。如果股价下跌不是因为经营风险所致，仅是股价的正常波动，那么在风控制度允许范围内并且有富余资金的情况下，可加仓而不是减仓。

落实到具体交易过程中，价值投资其实就是：人弃我取，人取我弃。在市场估值便宜时，我们应该乐观一些、激进一些；在估值比较贵时，我们应该悲观一些、保守一些。

虽然有很多人标榜自己是价值投资者，但在我眼中，价值投资者有明显的特征：第一，是极端挑剔的家伙，常常抱怨在99%的时间里找不到值得买入的标的；第二，像乌龟，对于心仪的标的，耐心等市场一地鸡毛时才进场；第三，是吝啬鬼，只在价格远低于价值时买入；第四，是恐高症患者，一旦价格远高于价值就抛售；第五，是精神反常的家伙，众人哭时他却在笑！

寻找长期稀缺的资产

阅读提示

产品（服务）要么唯一，要么第一

我读研究生时听过林园的演讲，他说买股票就要买赚钱机器。从那以后，我一直思考什么样的企业叫赚钱机器。后来我就想，应该是要稀缺，并且是长期稀缺类型的企业。这类企业的产品（服务）必须是要么唯一，要么第一的。举个极端些的例子，比如在沙漠里，总共只有一瓶水，10个人两天没喝水了，每人都想买，这瓶水的成交价可以是200元，也可以是1000元，因为严重供不应求。所以，后来在选企业时，我一定要自问一下，这家企业到底是不是长期稀缺类型的，如果是的话就再深入展开研究。

致力于寻找长期稀缺的资产，也可以理解成是要寻找其业务有投资壁垒的企业，这是我慢慢总结出来的经验。有投资壁垒的公司，符合我们对其产品（服务）要么唯一、要么第一的要求；没有投资壁垒的公司，成长性无法得到保证，其估值飘忽不定，充其量最多是只周期股，不适合进行长期价值投资。

投资如种树

阅读提示

投资犹如种树，能否成材得看几年

在研究上市公司时，需要看得越远越好，比如看这家公司一二十年，而不是一两年，因为我们买股票就是买一家公司。在使用供需理论时，也要秉持这种理念——必须思考一二十年跨度的供需问题。

我的选股原则其实很简单：这家企业我是否愿意经营一二十年！所以，在我眼里，投资犹如种树，能否成材得看几年。

一棵树从树种到成材要经历很多个春夏秋冬，其中，决定其高度的最主要因素是树种，而不是气候，更不是变幻莫测的天气。例如，矮的灌木品种，无论多么风调雨顺，都不会长成参天大树。所以，种树一定要寻找好的树种。选股也是如此，要选择上市公司中的佼佼者，以合适的价格买入并长期持有。

对股票的每日评论就如同树种成长过程中的天气；而买入股票后一两年内的宏观经济环境可看作气候。对于这些因素不需要关心，我们就只关心是否买对了树种。如果确定树种买对了，尽管种下去就好了，耐心等待三五年，或五年十年，虽然其间难免要经历风吹雨打，但最终必将成材。

对投资者来说，远见和思考的深度非常重要——它们决定投资的时间跨度，投资的时间跨度决定看问题的角度，看问题的角度决定投资行为。如此来看，许多价值投资者其实是在投机，把大部分精力都用在了判断市场未来一两年的走势上，我感觉这样做有点浪费时间。只有开杂货店的人才琢磨最近一两年的事情，投资股市应该要思考未来一二十年的事情。只要大方向对了，其余的做法不过是锦上添花而已。

如何估值？——DCF 模型

阅读提示

DCF 模型是一种思维方式

股票估值的模型有很多，但我只认一个——DCF 模型。该模型是研究未来自由现金流的，其内涵就是：该公司在未来二三十年，甚至上百年时间跨度内产生的自有现金流，可以通过一定的折现率把这些现金流折算回来，它就是今天该公司的价值。而股票价格和价值之间的距离，就是投资的安全边际。

$$资产价值 = \sum_{t=1}^{t=N} \frac{E(现金流_t)}{(1+r)^t}$$

该模型认为未来自由现金流的贴现值等于今天股票的估值，犹如一座架构了现在与未来的桥梁。虽然说未来的东西难以精准计算，但这并不妨碍该模型传达出的一种很好的思考方式。所以，段永平说，DCF 模型是一种思维方式。我也一直把它当成思考内在价值的方式，没有精算过。在我的办公室里，没有固定的电脑设备，只有一个小笔记本和一个小计算器。所以，对于投资，我只不过是拿计算器按按而已。

该模型蕴含的理念是：买股票等于买公司，把上市公司看成会下金蛋的母鸡。在使用该模型时，比的是哪位投资者看得长远，因为模型里的 N 是无限长的。但现实情况却与该模型的理念背道而驰，因为几乎整个金融圈都比较短视，比较看重眼前利益。

某分析师团队曾到我们公司路演，二季度来路演他换一批股票，三季度又换一批，四季度再换一批，让我都有些头晕。持仓标的更换得太频繁了，这个季度种的树苗，还没长多高，下一个季度拔掉后又重新种，那怎么能长成大树呢？所以，听了几次之后，我就不太感兴趣了，因为他们的策略变化得太快了。

不要只关注公司未来两三年的业绩。例如，2015 年贵州茅台没有业绩，但是我却对它非常感兴趣。为什么呢？因为我考虑的是贵州茅台未来一二十年的业绩将会怎样，它当时 2000 亿元的估值，在我眼里 10 年后可能达到 2 万亿元或者 3 万亿元。那你在 2000 亿元估值时买进去，持有 10 年后，不就赚大钱了吗？

你可以通过长期的历史分析来确定自己的观点，比如利用行业分析、供需格局、竞争格局，以及企业在行业中的地位等来辅助自己做判断。每一个行业都应该把江湖地位排一排，然后去企业调研，为什么能排在这个位置，企业有什么成长基因。同时，还要分析企业的毛利率怎样，长期能否维持，未来三五年将会怎样。

很多分析师只关心企业过去几年的毛利率，这并非明智之举，只要新增产能出来，毛利率可能会被腰斩。看问题应该多考虑未来会怎么样，所以说我们要去调研，要去和上市公司高管交流，聊行业格局，而且要从其竞争对手那里聊你关心的公司。当把行业前 3 名都跑遍了，你才知道龙头老大的地位能不能保持住，自己的仓位能不能持有三五年、十年二十年。

中国崛起，机会就在眼前

阅读提示

巨变带来大机会

目前中国的崛起刚刚开始，一切都在变，巨变的中国带来了巨大的机会，摆在我们面前的机会多多，用“遍地黄金”形容也不为过。

中国在崛起，国内很多行业的地位都已经是世界第一了。国内的消费能力才刚刚喷发出来，所以说机会就在眼前。我觉得未来二三十年充满了投资的好机会。历史学家傅斯年在 1930 年就说，中国发展有一个 70 年的周期：如果社会稳定，没有战争，10 年就能企稳，30 年就能振兴，50~70 年就是盛世。从改革开放之日算起，已经 40 年了，40 年加 30 年是 70 年，所以未来 30 年就是中国达到盛世的时候。

好股票被外资“抢走了”

据韩联社报道，2017 年全球股价涨幅的前 4 名均为中企：第一是腾讯，第二是中国平安，第三是贵州茅台，第四是阿里巴巴。当然，2017 年国内的蓝筹股也是一路飙升。令我好奇的是，在国内这场蓝筹股的盛宴中，谁吃到了最大份额的蛋糕？看了下面两则信息，或许不难得出答案：

华尔街情报圈报道：“高盛发现中国股市一个重大秘密：钱都让外国人赚走了。”网友“股道热肠也”发出感慨：“茅台不断创出新高，看看茅台的股东结构你就哭了，钱都让外资挣了。”

为什么会发生这种情况？

首先，国内资本市场的变化。国内资本市场正逐步向外资开放，例如沪港通、深港通的开通，以及A股纳入明晟指数（MSCI指数）等。海内外资本市场的打通，让觊觎国内股市已久的外资蜂拥而入，由于西方价值投资观念盛行，偏好蓝筹股，外资只会不动声色地囤积优质上市企业的股票。

央行公布的数据显示，截至2017年三季度，境外机构持有的股票市值超过1万亿元；据国金证券统计，同期我们“国家队”的持股市值达4.43万亿元。对比一下，国内股市中被外资“抢走”的优质资产已经占到国家队持仓市值的近1/4，令人充满了危机感。并且，我觉得未来一定时期内外资吸纳蓝筹股的行为还会继续。

其次，散户占比过高的投资者结构没有改变。投资者行为各异，炒题材、炒重组等投机理念仍然有很大的市场，市场效率也不是很高，蓝筹股容易被无视、被低估。在目前的资本市场中，做重组、做消息都赚钱，我不否认，为什么？因为中国股市太年轻了，在剧变过程中充满了各种机会，价值投资有时很难坚持下去，因为别的诱惑太多了。

未来的投资方向

阅读提示

消费升级、制造业升级、新能源、医药和高科技

放眼未来20年，价值投资机会大把，但我对传统的周期行业不

感兴趣，例如钢铁、有色和造纸等，我主要看好消费升级、制造业升级、新能源、医药和高科技这五大行业。

消费升级

中国人有钱了！

《悉尼先驱晨报》曾报道，2009—2030 年，中国的中产阶级将新增 8.5 亿人。

还有一件小事刺激了我：2017 年我去了趟日本，想捎点东西回国，因为没时间逛街，就想在机场买。当时我觉得刷卡立即就能买到，后来发现不是这样的，还要排队。为什么呢？因为购买商品的中国旅客太多了。我目测了一下队伍，起码要排 40 分钟，我就和同行的朋友说，股票不要高抛低吸了，要死拿着，咱们中国人太有钱了。

就是在机场登机前的那一个小时，很多人都在排队买东西，并且 90%都是中国人。所以，从那时我就想，未来的消费行业将会爆发啊。

如今，随着中国经济的发展，以及个人财富的积累，国人对消费品质量的要求越来越高，这意味着国内消费升级正在悄然启动。我认为，未来几年，A 股最清晰的投资主线就是消费升级，谁抓住了这个机会，资产就可以上一个台阶！

所以，现在凡是投资类的行业，例如基建、房地产等，我都不感兴趣。

那么，在消费品领域里购买什么？很简单，吃喝玩乐！我主要是投资与吃有关的行业，例如白酒、牛奶。如果投资白酒类上市企业，肯定要买贵州茅台。贵州茅台为什么好？从消费量上看，中国人一年要喝掉1000万吨白酒，其中只有不到3万吨是茅台，只占千分之三，未来的上升空间仍然很大。

制造业升级

为什么看好制造业升级呢？消费升级将推动制造业升级。当人均收入比较低时，大部分人只能消费低端货，生产这类产品的公司才有利可图；当人均收入提高后，生活品质会随之提高，大众的消费兴趣就会转向中高端产品，相关企业就会受益，而看不到大众消费重心转换的企业就会被淘汰。

比如冰箱，原来单开门的就能满足要求，现在由于生活水平的提高，对冰箱的功能提出了更高要求，要换成双开门的；比如代步用的家用轿车，以前只要求舒适即可，现在则又要求同时具备越野车的性能，这就引发了近几年运动型多用途汽车（SUV）销售的火爆。

新能源

这是未来30年充满朝气的一个行业。我觉得天然气、石油行业虽然还有一定的发展空间，但发展潜力比不上新能源行业，例如风电、光伏。其实，我最看好的是光伏发电，因为通过20多年的摸索，光伏发电平价上网的梦想越来越接近了。估错的话也不过三五年，乐观点，光伏发电有可能3年后就能平价上网①了。平价上网一旦实现，我认为对光伏发电的需求马上就能爆发，我觉得三五年后相关上市企业的股价大概率会上涨。所以，对煤炭、石油等行业的上市企业，我根本不会耗费精力去研究。

---

① 指太阳能发电的价格与火电、水电价格持平。

新能源汽车也是我非常看好的一个板块，无论是整车、零部件，还是软件服务。

医药

我之所以看好医药板块，主要的着眼点就是中国开始逐步进入老龄化社会。随着人口老龄化特征慢慢凸显，社会对医药的需求和消费会逐步增长，但医药的消费潜力不会在短时间内爆发，而是逐步上升的，毕竟患者的用药量是有限度的。

国内的医药行业起步比较晚，产品的市场竞争力还比较弱，短期又面临着医疗改革，药价呈现不断下降的态势，所以我觉得对国内医药股的投资没必要太着急，可以等一等，多观察观察。

高科技

随着百度、腾讯和阿里巴巴的崛起，中国的高科技企业开始改变大多数人的生活习惯。这些企业基本与互联网有关，而互联网行业的基本元素是流量，它具备指数增长的特征，因此该行业的领先者崛起速度快，容易出大牛股。就互联网行业来说，经过前期的发展，中国已经积累了大量 IT 人才，加上十几亿人口组成的消费市场，未来二三十年我国的互联网行业还会加速成长，很有可能成为中国经济发展的新引擎。因此，该行业值得我们重点关注。

投资高科技板块，如果想偷懒的话，买腾讯就行了（可惜目前没在 A 股上市）。腾讯是我非常看好的一家企业，它在社交领域的功能非常强大。它旗下的微信大概有 10 亿用户，其中大体有两亿来自海外。它把这么多人圈在一起，就变成了一个主流媒体，并且拥有非常强的变现能力。在创业公司身上，腾讯已投资了 1000 多亿元，基本涵盖了未来有发展潜力的领域。所以我常说，买腾讯，就相当于买了个科技股指数。我认为这是最简单、最安全、最稳妥的投资方式。

选股标准

阅读提示

好行业、好公司、好价格

都说站在风口上，猪也能飞起来。但我认为，对于投资这件事，你不能仅满足于寻找风口上的猪，你的要求应该更进一步——寻找风口上的雄鹰。风在，或许两者没有区别；一旦风停了，猪会摔死，但雄鹰仍会展翅高飞！

投资时，风口和雄鹰两者的组合不同，导致投资者采取的交易行为不同。如果有雄鹰却没风口，就长期持有，耐心等风来；如果有风口没雄鹰，不要再妄想价值投资，炒一把就得快跑；如果两者得兼，重仓持有。

投资时，外部环境不同，研究的侧重点也就不同。牛市要研究风口，熊市要研究雄鹰。

如何研究风口和雄鹰？相关标准邱国鹭早就把它总结出来了，就是“三好学生”——好行业、好公司、好价格。

好行业

选行业，有些人是从宏观经济的角度自上而下看，有些人是从财务报表的角度看，有些人是从日常体验的角度看；而我们是从供需的角度看。

好行业的划分标准很多，可以参考如下标准：从发展阶段看，处于行业发展的初、中期；从替代性风险角度看，该行业不存在被替代的可能；从供需角度看，行业需求要长期稳定增长，如果需求逐渐萎缩，甚至是零增长的话，就不是好行业；从成长性角度看，未来该行业要能持续、稳定地成长；从行业集中度角度看，行业集中度要高。

举例来说，白酒业是好行业吗？我觉得白酒国人喝了几千年，未来 30 年应该不会变的，所以这是好行业。房地产业是好行业吗？是好行业；但我不会介入，因为该行业已经过了黄金发展时期，加上我吃不透、看不懂，强行介入反而可能是替别人埋单。银行业是好行业吗？是好行业。但我对银行业的兴趣不大，一是因为它们赚钱太容易了，二是因为我对刚兴起的一些行业兴趣更大。

好公司

随着投资经验的积累，我对好公司的认识也是不断变化的，总体来说，就是判断标准越来越严苛了。刚开始投资时，我认为好公司就是能赚钱的公司；后来，我觉得好公司就是曾经赚过大钱的公司；现在，我认为好公司就是在未来一二十年都可以轻轻松松赚钱的公司。

从商业模式上来说，我把好公司分为 3 种：第一种，站着赚钱；第二种，坐着赚钱；第三种，躺着赚钱。对于第三种类型的公司，我认为它们在某些方面具备垄断企业的特征，掌握了定价权，“护城河”又深又宽，容易持续成长。对我来说，我最喜欢能躺着赚钱的公司。

我心仪的上市企业，可以分为两种类型：第一种，业绩在长期内稳定增长；第二种，业绩在较短时间内大幅增长。对于第一种类型的企业，大多为知名企业，甚至有些是大多数人耳熟能详的。它们多为经过一二十年激烈竞争后，进入寡头垄断阶段的企业，利润指标能不断创历史新高。该类企业保持以往竞争优势的确定性非常高，可重仓并长期持有。对于第二种类型的企业，开始时大多数人可能并不了解它们，只是所处行业进入需求爆发期，因行业产能扩张跟不上，导致产品（服务）供不应求，相关企业利润暴增，股价一两年能翻几倍，甚至十几倍。

好公司也可以是投入少、收益高的公司。例如，有一些公司过去投了几百万元人民币，到今天收获了几千亿元的市值。这类公司也是我们喜欢的投资标的之一。如果说某一家公司，过去 10 年投了 1000 亿元，但到现在也见不到盈利，那么等待它的命运就是被时代淘汰。

寻找好公司，还有一个更省力的办法——就是从好行业里面找龙头企业。身处好行业，可以帮助企业规避宏观上的风险——需求增速放缓、被替代等，比如曾经的霸主诺基亚被苹果替代。我觉得好公司，一般会出现在好行业里面，在好行业里面找到的龙头企业，大概率就是好公司。我们只需要确定未来一二十年，这个龙头还是不是龙头。

对于找到的龙头企业，一定要分析为什么该企业能成为龙头，是哪些特质能让它从众多竞争者中脱颖而出，这些特质是暂时性的，还是能长期存在的。例如，我们要观察公司的管理团队有没有进取心，管理架构稳不稳定，激励机制是否合理，等等。

同时，也可以通过一些指标来辅助观察，例如行业集中度和市场占有率。行业集中度越高，话语权越大，比如说行业几乎被两家企业垄断，它们可能就会联手定价，最终结果就是两家企业的毛利率都很稳定；如果行业集中度不高，就会出现价格战，企业的盈利就不会稳定。市场占有率与产品定价权正相关，该指标越高，代表公司越有定价权。例如，同样是空调生产企业，市场占有率高的格力，其毛利率大概能到40%，而其他市场占有率低、不知名企业的可能也就到14%，这就是好公司的价值所在。

还有，账上现金要充足。财务费用、管理费用最好处于稳定或者下降的状态。净资产收益率的绝对值要比较高，最好超过15%；如果不高，则一定要处于不断攀升的状态。要关注该些指标的值，目前是多少，明年将会是多少，未来10年预估能到多少，以便做到心中有数。

除了要从财务报表上寻找龙头基因外，还有一个比较另类的方法：观察财务总监人选的变动情况。一般说来，财务总监最了解公司财报数据的真假，凡是财务总监无正当理由突然辞职的公司，财报有问题的概率很大，我一般会在第一时间就大幅减持这家公司的股票。

好公司也要勤去调研。调研是判断一家公司好与坏的有效方法，通过实地观察，可以证实我们之前的推测合理与否。因为，关于公司的客观事实只有一个，而我们调研的目的是——无限逼近这个唯一的客观事实！不要被自己更愿意去相信的东西所蒙蔽。调研的必要性有：第一，财报中令人疑惑的地方，可以通过实地调研来问清楚；第二，由于篇幅有限，财报会省略很多细节，而它们有时非常重要，必须亲自去看一看；第三，财报是人写的，往往偏主观些，有时甚至会故意掩盖公司的某些实际情况。

如果三五年后，我们看好的龙头企业变成了老二或老三，这说明我们当初的分析有误，就需要总结经验教训，避免下次再犯。

好价格

投资时，如何得到一个好价格？我觉得可以采取两种方式：第一种，等待，耐心等价格低于价值；第二种，定投，获得平均价格。

安全边际理念很重要，尤其是对于价值投资者来说，它是投资时必须遵循的金科玉律。安全边际理念告诉我们，只有当价格低于价值时，才值得出手。例如，花 0.5 元价格买到了价值 1 元钱的东西，这笔买卖就建立起了安全边际。

对于安全边际理念的使用，有时也不能教条。毕竟，对于好行业里的好公司，遇到价格低于价值的机会太少了。如果死板教条的话，大概率就会错过一些好公司，只能眼睁睁看着其股价一路上扬。比如贵州茅台，在股价从 100 多元涨到 700 多元的过程中，如果秉持安全边际理念投资它的话，可能一直找不到合适的买进机会。所以，要辩证地看待安全边际理念。

定投方式，是指在固定的时间，或以固定的金额，或两者兼有的方式投资。在投资过程中，这种方式可以与安全边际理念互为补充。当安全边际理念不适用时，可以采用定投方式捕捉投资机会。

案例：对贵州茅台的投资

这是我近两年的一个经典投资案例。2012—2016 年，茅台酒的零售价一路暴跌，从每瓶 2000 多元跌到每瓶 800 多元，跌幅超过了 50%。就是在这样一种氛围中，2016 年 1 月我开始买进茅台的股票，仰仗的无非就是价值投资者的信念和供需理论。其实，我在 2015 年下半年开始看好贵州茅台的投资价值。当时的思路如下：

首先，白酒是好行业。喝酒也是一种文化，它深刻在中国人的骨子里，想改变它真的很难。中国人喝酒，目的主要是应酬，尤其是托人办事时，基本就喝高端白酒或高端红酒，以显示对客人的尊重。从年产量上来看，高端白酒的占比却很小。

其次，贵州茅台是好公司。茅台历史悠久，美誉度在业内首屈一指，并且不可复制，公司有定价权。由于年产量大概占整个白酒行业的 0.3%，这让茅台具有一定的稀缺性。上述优点让茅台的毛利率很高，达到了 90%多。同时，茅台赚到的现金每年都在增长，是一头只不折不扣的“现金奶牛”。

最后，从好价格的角度来讲，当时贵州茅台的市值跌到了其库存价值附近。

2012 年之前，在茅台酒的消费中，政务需求能占到 30%多。2012 年之后，这部分需求逐渐消失了，供需失衡导致茅台的零售价大跌。由于零售价格跌幅大，持续时间长，社会影响大，在随后的 3 年时间内，可以推断各个环节的库存应该被清除干净了，供需基本达到了平衡。

2015 年秋天，我认为贵州茅台当时的市值也就在 2000 亿元附近。2000 亿元附近是什么概念呢？看看茅台基酒的库存，大概就值 2000 亿元。也就是说，茅台的市值已经与茅台基酒库存的价值相接近了，而茅台企业未来百年的产能就相当于白送。我认为，当时市场严重低估了贵州茅台的投资价值。

当茅台每瓶的零售价跌到 800 多元时，普通人也能消费得起了，加上居民收入的提高，使得民间需求开始攀升。据推测，茅台酒的民间需求每年增加 10%以上，但它的产量增加却是个位数，由此推算，未来 10 年茅台将严重供不应求，再加上补库需求的推动，未来几年它将会量价齐飞：产量到 2023 年可能要提高到五六万吨，比 2015 年大概增长一倍；零售价格上涨，这是供不应求的必然结果。通过提量和提价，茅台的估值就会进一步放大，从而实现完美的“戴维斯双击”。

从 2015 年往后看五年十年，股价将会涨多少倍？上述内容是我当时重仓茅台的推断逻辑。由此可见，每个人的那杆秤，是在心里，而不是在盘面里。所以，我从来不看盘，我一天的交易时长可能就是 10 分钟，剩余的时间都是在开会，在研究 K 线背后的东西。

其实，依据企业的内在价值去投资，不是只能赚企业成长的钱，也可以赚估值变动的钱。例如，十几倍估值时买入贵州茅台，一旦业绩翻番，估值肯定也会随之翻番，投进去的 1 元钱可能就会变成 4 元钱，收益率将会是 300%。曾经有人跟我争论说买茅台酒的现货比买股票好，我说他大错特错了，因为他既忽略了产量的提升，也忽略了估值的提升，也就是说根本没理解“量价齐升”会促成完美的“戴维斯双击”。

需要注意的一点是，估值是由市场人气决定的，市场越疯狂估值就越高。价格经历过一波上涨后，股票还值不值得持有，可以通过对比估值可能的下降幅度与业绩可能的上升幅度的大小来权衡：当估值下降幅度大于业绩上升幅度时，立即清仓；反之则可以考虑持有。

期货和股票的差异

核心观点

期货适合小资金博取暴利；股票适合大资金保值增值

在资本市场摸索了十几年，感觉期货和股票的差异很大，我的观点就是：期货适合小资金博取暴利；股票适合大资金保值增值。

草根逆袭，得做期货

阅读提示

期货可图暴利，但成功率低

因为有杠杆并且杠杆率比较高、做空比较便捷、周期短和市场容量偏小，期货市场更适合小资金来博取暴利，实现从穷人变富人的梦想。所以，我认为，做期货就是图暴利，不图暴利就不要做期货。一波行情赚几倍，歇一段时间后再投入另一波行情，我觉得这才是做期货最好的方式。如果做期货追求的是资金的复利增长，就有点像买辆跑车但规定每小时永远只开 60 公里，我觉得这是一种资源浪费。

需要注意的是，杠杆是一把“双刃剑”，既能让人爆赚，也能让人爆亏。这就让做期货的成功率很低，估计小于 1%。由于期货的杠杆率高，满仓的话杠杆能到十几倍，导致期货市场的容错能力差，稍有闪失，投资者就会损失惨重。

十几年看下来，我认为在期市中能存活 5 年并可以稳定盈利的投资者，占比大概不超过 5%，这个残酷的事实表明期货是小众投资。但是，如果不做期货也许生活会更残酷，因为“通胀猛于虎”，工资充其量只能给这只老虎填肚子。如果再辩证一点看，一旦你磕磕碰碰地越过了门槛，前途将会一片光明——每天市场中将有 19 个人给你奉献利润。总之，期货市场是高杠杆的“负和博弈”市场，要想持续盈利，就得付出加倍的努力。

金融市场充满了不确定性，交易更是一门管理不确定性的艺术。作为加了杠杆的金融市场，期货市场的不确定性更大，对人性的挑战也更大。在期货交易中，我坚持两大原则：第一，确定性；第二，安全性。确定性可以通过深入研究基本面来把握，安全性可以利用风险收益比来评判。在持仓期间，确定性、安全性都会变化，必须依此不断调整自己的仓位。做期货，成功的关键因素是对确定性的把握和有重仓的魄力，我喜欢严格筛选标的，然后择机重拳出击，这要求确定性非常高，尤其是在价格反向波动时，仍能坚持自己的观点并坚定持有头寸。在价格反向波动时，敢逆小势加仓者，需要更大的魄力。

相对而言，做期货所需的知识面相对较窄，要求仅懂供需、略懂宏观，也就是会看平衡表即可。商品期货的价格由其供需决定，因为供需对价格反应较快，所以只需要你看懂未来几个月的供需平衡状况就好了，一般说来，看对3~6个月就行。做期货，不能好高骛远，必须紧盯现货市场。期货价格只会短期小幅偏离现货价格，导致期货市场适合进行中短线投机。期货价格与现货价格的关系，就是狗与主人的关系，小狗永远绕着主人跑，但又跑不远。

保值增值，可买股票

阅读提示

股票可以实现复利增长，且成功率较高

如果说做期货像爆炒腰花，火候很重要；那么投资股票恰如慢火炖汤，选好食材（个股），慢慢炖，时间越长汤越靓。投资股票很关键的因素，是看现金流，因为股票的价值由上市公司的现金流决定。对我来说，做股票就是选择几家现金流不断增长的上市公司，以合适的价格买入并长期持有，让它们慢慢为我赚钱。所以，股票市场易获复利，难获暴利。做股票想获暴利，就如同长跑运动员去与刘翔比跨栏一样，会输得很惨。

与期货相比，买股票可能还会有分红，非常适合长线投资。因此，大资金更适合投资股市。与期货市场相比，股票市场是低杠杆率的正和博弈市场，如果不考虑融资，股票满仓时的杠杆也就 1 倍。与做期货相比，花同样的精力做股票更容易成功，我觉得做股票的成功率能达到 10%，是做期货成功率的 10 倍。如果是做价值投资，我认为其成功率更高，能达到 50%。

投资股票，必须站得高、看得远和拿得住，成功与否比拼的是投资者思考的深度和持仓的耐力。一般说来，股票高手的特点是知识渊博，对经济社会的方方面面都有很深的研究；同时，在持股方面很有耐心，往往持有牛股三五年而毫不动摇。具体来看，股票分周期股和非周期股，非周期股最佳的交易周期我认为是三五年。如果低于两年，股价不一定能反映基本面的长期情况；如果大于 5 年，则容易受大盘的周期性波动影响。当然，如果大盘走势很理性，个股基本面持续向好，并且估值也合适，通过不断地密切跟踪、动态评估，最终的持有时间也可以超过 5 年。

做股票，我也基本沿用做期货的方法——严格筛选标的，然后择机重拳出击。因为杠杆率低，无论重仓个股的股价怎么波动，心里都不会有太大的波澜。从期货市场转战股票市场，有点像从泳池的深水区来到浅水区，安全感倍增。

我们知道，财务的核心因素是利润，而毛利率是决定利润的关键因素，同时行业的供需状况决定了行业毛利率的高低，所以，供需状况决定着企业利润的多寡。与研究期货品种相比，在研究上市公司时，除了研究供需状况外，还需要考察该企业的竞争优势和管理能力，而竞争优势和管理能力需要我们亲自上门调研。

股票价格与价值的关系，也可看作狗与主人的关系，小狗永远绕着主人跑。只不过，股票的价格可长期偏离价值。

总而言之，无论是期货还是股票，都是金融工具的一种。我们做基本面研究的主要目的是要找到猎物，至于用弓箭还是刀枪，抑或是斧头把它拿下，因人而异，顺手就行。如果拘泥于工具本身，则会本末倒置。在仓位配置方面：期货是图暴利的，我们就要配得少些，比如资金占比在 20%以内；股票是图复利的，是值得做一辈子的事情，我们就可以配得多些，比如资金占比可以在 80%以上。

延伸阅读

在资本市场里，经常会听到有人说，蚊子再小也是肉。这或许是一种追求暴利而不得的自嘲说法吧。在机会面前，你是只专注于大机会，还是大小机会通通不放过呢？这显然是一个很现实的问题，它决定了投资者将会有怎样的交易行为。

“将军赶路，不追小兔”，这是本章的观点。文中强调只抓大机会，不要为小机会而耗费精力。大机会虽然出现次数少，但更容易识别。大机会从哪里出现呢？大到从时代和国家发展中来，小到从具体商品的供求变化中来。投资者可以凭借自己的眼光来加以选择。如何对待大机会呢？本章认为应当重仓，因为大机会不常有，不好好利用的话，可能几年内都找不到同样的机会了。

一般而言，自由散漫的状态是让人感到舒服的状态，当你强迫自己脱离这种状态时，往往会感到压抑和不舒服。如果只做大机会，投资者必须长期约束自己，不能由着性子来，上述的痛苦感会更强烈些吧。从这个角度看，与小机会相比，大机会对投资者自身的要求更严，约束也更多。

第二章

“三多”趋势跟踪交易系统

徐长波

满仓操作不止损。满仓是指按照系统设定的仓量，要开就全部开，不分批开仓；不止损是指在系统设置之外不另行止损。

确认是盘整行情时做交易，确认是趋势行情时结束交易。盘整行情和趋势行情互相替换：盘整行情运行一段时间后，会变成趋势行情；趋势行情运行一段时间后，会变成盘整行情。

做趋势交易不怕亏钱，最怕踏空。

两个操作原则

核心观点

"三多"原则

"三不做"原则

大家知道，做期货交易主要依据两个方面：一个是基本面；一个是技术面。我是纯技术派的，不懂基本面，因此也就不敢妄加评论两者的优劣，正如农村的一句老话："猪往前拱，鸡往后扒，各有各的道。"

简单介绍一下我的期货投资经历：1996 年进入期货市场，前 6 年一直亏钱。2002—2008 年，用 6 年时间潜心打造了自己的趋势交易跟踪系统。在此期间，我大部分时间是在每天凌晨 1：00～4：00 进行研究，也就是说，当别人睡觉时我却在研究和完善自己的交易系统。2008 年后，我结束了亏钱生涯，在该系统的指导下，我每年都盈利，而且金额一年比一年多。

在详细介绍我的交易系统之前，先大体介绍一下我的两个操作原则："三多"原则和"三不做"原则。

第一，"三多"原则，即多品种、多指标、多周期。

多品种，指建仓时，至少要选择 3 个并且相互间关联性不强的品种，例如农产品选择豆粕，化工选塑料，金属选铜等；多指标，指选择多个常见的技术分析指标，例如均线、MACD、KDJ 等；多周期，指短周期和中长周期共同考虑，例如短期考虑 10 分钟、1 小时，中长期考虑日线、周线、月线等。

第二，“三不做”原则。

上市时间不足 4 年的品种不做；交易量小、非主力合约的品种不做；日内短线不做。

何谓“三多”系统

核心观点

多品种、多指标、多周期

由于这套系统主要是建立在多品种、多指标、多周期基础之上的，所以我把这套系统叫作“三多”趋势跟踪交易系统（以下简称“三多”系统）。

我们知道，趋势交易的优缺点很明显：其优点是运行轨迹容易被辨别；缺点是运行过程中回撤幅度比较大。“三多”系统主要就是来控制行情回撤幅度的。

“三多”系统使用的都是常用的技术指标，也都是非常简单的指标。把上述指标程序化后，利用 Excel 等工具统计出相关数据，可以非常直观地让我们看到资金在历史上的最大回撤幅度，然后我们会等其回撤到历史上一个比较低的位置时才开仓，这就是我们打造这个系统的真正目的。

必须指出一点：系统无论大小，一定要兼顾每一个细节，每一个问题的答案都要非常精确。只有这样，你才会对系统有信心，对未来的交易有信心。

一个好的系统是未来盈利的基础。

多品种

阅读提示

3 个以上的品种

如上文所述，互不相关的、数量在 3 个以上的品种都可以称为多品种。选择品种的唯一标准就是其成交量、持仓量的大小，不管哪一个品种，只要有量，我们就认为该品种有走出趋势性行情的可能，就可以进行交易。

对于没有量的品种，趋势走得再好，我们也不会介入。原因是：第一，我们的资金量较大，频繁进出不方便；第二，成交量小时，趋势性行情往往难以持续；第三，成交量小的品种，一旦有大资金介入的话，很有可能会改变它之前的趋势。

该如何选择 3 个以上不相关联的品种呢？比如第一个品种我们先选择了农产品中的豆粕；那么第二个我们就可以选金属类品种，如果金属选了铜的话，就不要再选铝、锌等；第三个就可以选化工系列的品种，例如塑料等。很明显，这 3 个品种的关联性确实不紧密。

那么，在“三多”系统中，为什么要用多品种呢？我最初的设想就是要对冲风险。为什么要这样对冲呢？大家知道，2008 年金融危机发生时，铜天天跌停，塑料天天跌停；但农产品中的粮食品种，后来不跌反涨。这很简单，因为不管有没有发生金融危机，你一天也得吃3顿饭，这就决定了粮食品种跌不到哪儿去。所以，这就是多品种、不相关联的组合的好处。

可能有人会疑惑，是否大资金才需要多品种呢？我认为，不管资金多少，都要进行多品种投资。哪怕钱不多，只有几千元钱，至少也要分散投资3个品种。虽然大部分时间上市品种同涨共跌的情况比较常见，但是它们涨跌的幅度却是不相同的。你可以不买资金占用比例大的品种，但一定要分散投资。

我们现在投资的品种已经达到了30多个，凡是成交量大、流动性好的品种，都是我们潜在的投资标的。

多指标

阅读提示

越简单越有效

多指标中的“指标”，其实就是技术指标。每一位进入期货市场的投资者，或多或少都曾经研究过技术指标，有人喜欢复杂的技术指标，有人则喜欢简单的。

选用指标的前提条件

我认为技术指标不需要选用太复杂的，越简单反而越有效，但是有两个前提条件：第一个，指标所发信号的确定性要强；第二个，不能过分优化指标的参数。在这两个前提条件中，确定性强更重要，它是唯一的、不可选择的条件。

举例来说，移动平均线是一个常见的技术分析指标，许多技术分析类图书也描述过，如果市场出现一波大的上涨或下跌趋势的话，均线系统就会向上或向下发散。

但这样的信号却不能用，原因就一点——其确定性不强。均线从什么时候开始发散？从多高的位置开始发散？这些都没有明确的答案，所以这类信号就是模糊的，而模糊的东西就不能用。

如果能去除上述的模糊信号，均线就可以使用了，方法就是简化——把均线简化到两根。当两根不同参数的均线出现金叉时就买；出现死叉时就平仓，或者直接卖。我觉得这就是一个简单的指标，而且符合我们确定性强的要求。

我觉得两根均线提供的买卖信号对所有的品种都可以用，甚至可以说能包打天下，前提是要调整均线在每一个品种上的参数。我认为，投资者使用均线赚不到钱是有原因的，就是参数用得不恰当，凡是上市时间超过 5 年的品种，我们都可以找到一个适合它的参数来指导交易。

适合某一品种的均线的某一个参数，如果它在历史上有效，未来虽然不能说仍会百分之百有效，但有效的概率还是比较高的。换句话说，历史上有效的参数，我们就认为未来它可能有效，当然也可能会无效；但是历史上始终无效的参数，我们就认为未来必将无效。

一个参数只要有效，就不要随便更换。只有以年为单位，才能对它进行有效检验。所以，每年筛选出的参数应该坚持长期使用。在日后的操作中，要充分信任该参数，而不能随意调换它。

确定性强的突破信号也可以使用。例如，价格突破前 10 周期的最高点我就买，买完后，一旦价格低于前 3 周期，或者是 5 周期的最低点我就平掉。当价格跌破了前 10 周期最低点时，我就卖，然后当价格反弹超过 3 周期或者 5 周期最高点时再平。这也是一个很好的进出场方式。

测试

涉及上述思想的指标易学易用，但是，使用前一定要做好前期准备——要测试它们在历史上的表现。

我一般用 5 年或以上的时间来测试该指标，测试结果只有符合两个条件，我才使用该指标。那么它们是哪两个条件呢？

第一个条件，5 年中每年的平均盈利要达到一定的比例，比如 30%（5 年累计 150%），当然越高越好。如果结果很差的话，倒也可以用，差到什么地步呢？就是 5 年不赚钱也可以用，也就是说，只要不亏钱就可以了；但这样做却没有意义，因为进入资本市场的目的就是赚钱。因此，第一个条件就是：测试结果是 5 年中平均每年有 30%以上的盈利，就可以了。

第二个条件，5 年中得有 3 年或以上时间是赚钱的。不要求 5 年中每年都必须赚钱。当然，如果是 5 年中每年都赚钱就更好了；但这样的指标很难找到，那么我们就实事求是一点，只要求 5 年中有 3 年或以上是赚钱的，准许你有一两年时间亏钱即可。

为什么要求 3 年或者以上时间要赚钱呢？因为想要解决盈利回撤幅度大的问题。比如 5 年间总体上虽然盈利，但其中只有 1 年赚了这么多钱，而其余 4 年都在亏损，则说明该指标导致盈利的回撤幅度可能较大，不能用。

概括一下这两个条件：5 年中平均每年盈利 30%以上；5 年中有 3 年或以上时间是赚钱的。满足这两个条件的技术指标都可以使用，其实，这样的技术指标还是非常多的。

案例

在测试上市时间达到 5 年以上品种的指标时，结果的好坏就是它的规律所在。我曾拿大豆、铜、胶这些品种做测试，用 5 日和 10 日这两根均线，当它们出现金叉时就买开，出现死叉时就卖开。当时我是手工统计的，因此数据多，工作量很大。

统计一个品种，3 个人往往需要耗费两个月时间，才能把过去 5 年多时间里的结果总结出来。统计完之后，我发现这样做交易就很赚钱。于是我就开始统计其他品种，2003—2005 年，就一直做这个工作。

采取多品种的举措后，之所以还要强调多指标，是因为一个品种哪怕未来向好的概率达 90%，如果不谨慎的话，10% 的风险概率也可能让投资者亏本。因此，把全部资金押在单一品种的单一指标上，是有很大风险的。就算暂时没有遇到风险，也只不过是时间早晚的问题而已。把多品种和多指标组合到一起，系统具备的优点是：在历史上表现好，未来盈率的概率高。

多周期

阅读提示

长周期（周线、月线）

短周期（10 分钟 K 线）

“三多”系统的第三个组成部分就是多周期。那么，多周期是指什么呢？其实很简单，就是长周期和短周期的组合。为什么要用多周期？因为每一个商品都有自己的独特性质，其走势在短期内或许没有规律；但从长周期角度来看，其走势就表现出规律性了。

在交易过程中，你至少要用两个以上的周期做参考，也就是长线和短线都用，只要能赚钱，即符合前面提到的两个条件——对于结果的要求是，5 年时间总体上是赚钱的；对于过程的要求是，3 年或以上时间是赚钱的。

长周期例如用周线，甚至月线都可以，只要它符合前面的两个条件，这叫大周期；短周期用 10 分钟 K 线也可以。这是“三多”系统组成的特点，也就是必须得有两个或以上的长周期、短周期结合使用。这一点非常重要，因为止损子系统就涉及这个特点。

多周期要与多品种结合。上文提高品种要多到 3 个以上，并且所属行业互不关联。就算只做一个品种，也要选择 3 个不同指标的 3 个参数，或者选用两个或以上的周期。

在我的系统中，一个指标在一个周期、一个品种上面的使用，就认为是“一条线”。如果系统使用了 3 个指标，两个或以上的周期，就是在每一个品种上至少使用了 6 条线。

哪怕资金再少，我们也至少要使用 3 条线，每条线上开 1 手单，最起码可以开 3 手单，这也可以看作是另一种形式的多周期、多指标。这样一种组合方式，比只做一条线要好。在我眼中，一个参数、一个周期、一个品种的交易形式，存在很大的风险。

举个例子，假如你总共选中了 10 个交易品种，每一个品种使用了 3 个指标，而每一个指标又使用了两个周期，这就是使用了 60 条线。假如我们选了 100 条线，那么依据“三多”系统，就可以根据它们在历史上的表现进行操作了。

“三多”系统带来的好处

阅读提示

控制资金回撤幅度

拥有好心态

趋势性行情时重仓，盘整行情时轻仓

控制资金回撤幅度

上文曾提到，趋势交易最大的缺点是回撤幅度大。我们之所以设计多品种、多周期、多指标的交易系统，实际上就是为了解决这个问题。

仅使用单一的指标，仅购买单一的品种，资金的回撤幅度肯定很大，如果发生了“黑天鹅”事件的话，赚再多的钱都可能会亏掉。当把资金根据多个品种、多个指标和多个周期分摊使用时，全部资金的波动相对就比较平稳了，回撤幅度也就变小了，这实际上起到了“削峰平谷”的作用。

“三多”系统优先考虑的不是未来能赚多少钱、盈利有多大，而是未来当投资标的发生巨幅回撤时能否挺得住。所以，这是我们强调要用“三多”系统的一个主要原因。

拥有好心态

使用“三多”系统时，入场位置基本是历史上相对比较低的位置（对做多而言），风险也相对比较小；同时，它也没有过分进行优化。因此我对它的信心非常强！我特别相信它！就是由于我特别相信它，哪怕出现亏损我都不怕，因为我知道最终一定是赚钱的。

一个好系统构建出来后，如果你对它不完全信任的话，你可能用它赚不到钱。你的系统就像你的孩子一样，亏钱就相当于孩子在小时候调皮捣蛋，但你不能因为这个，就直接抛弃不管了。

此外，使用“三多”系统还会令交易过程相对比较平稳。上述这些原因能让使用者有一个比较好的心态。好心态对投资者非常重要，因为它是胜利者的心态。胜利者的心态是一种活跃的心态，一种手顺的心态，一种进出都会赚钱的心态。拥有这种心态的投资者，思维敏捷、判断准确。

趋势性行情时重仓，盘整行情时轻仓

“三多”系统的优点有两个：第一个，在大行情来时，一定是持仓量最大的时候，能尽可能多地让投资者赚钱；第二个，在价格处于盘整期时，“三多”系统基本是亏钱的，但此时的持仓量一定很小。

“三多”系统是如何做到这一点的呢？对冲！举例说明，在长周期（如周线）中的盘整行情，当研判周期缩小到 10 分钟、5 分钟级别时，它就能划分出一段一段的趋势性行情。在长周期中，在盘整区域的高点，“三多”系统认为价格仍可能继续上涨，从而开了多单（事后证明这是错误的，导致亏钱）；那么在短周期里，一旦价格开始下跌，“三多”系统马上就平仓了，或许还发现了大跌的迹象，就开了空单（有所盈利）。

该策略可以看成是同品种的跨期对冲策略。上述行为的最终结果就是净持仓量变小了——可能是多空单完全被对冲掉，也可能是只对冲掉了一小部分。所以，在亏钱时，系统的持仓量确实很小。

一旦大行情出现，当"三多"系统判断长周期和短周期行情的方向完全一致时，此时的持仓量是叠加的，结果就是满仓。

这样一套把多品种、多指标、多周期组合在一起的系统，盈利能力很高，对稳定投资者的心态非常有效——亏钱时心态也好的原因就在这里。

最合理的资金管理

核心观点

按线分配资金

资金管理很重要。那资金应该怎么管理呢？在探寻答案的过程中，我曾看过很多书，也和很多高手交流过。资金管理，普遍认同的观点，就是一次不能开仓太满，并且在一波行情中，最多只能投入30%的本金。但我并不认同该观点。

谈一下我的方法，假如有100万元本金来投资，根据"三多"系统选择了100条线，此时的资金管理就很简单—— 一条线就投资1万元，让系统自由去发挥。因为我要求的条件都达到了：首先，从概率上讲，我知道系统5年的投资结果都是赚钱的。其次，我没有过分优化系统，它的确定性很强。

当一个品种只使用一个指标时，投入的资金最多也不能超过1000万元（即使是成交量最大的品种），小一点的品种也就只能投入几百万元，再多的话，经过统计我们发现成本会相应增长，导致最终很难赚到钱。

假如大豆是我们选中的投资标的之一，并且当前开仓 1 手的保证金为 1000 元。在开仓前，我们用适合大豆的技术指标，绘制它历史上 5 年的资金曲线图，并通过该图来分析大豆走势，找到它在 5 年中从高点到低点的历史最大回撤幅度。假如这个最大的回撤幅度是 6000 元，那么好了，就可以进行下面的处理：

用当前的保证金 1000 元，加上在最近 5 年的最大回撤幅度 6000 元，两者的和（7000 元）再除以 2，得到 3500 元。这 3500 元就是我认为的大豆开仓 1 手的保证金。我投资到大豆合约上的 1 万元，理论上大体就可以开仓 2.9（10000/3500，四舍五入）手，就可以选择开 2 手或 3 手仓。

这样的资金管理方式，我认为是非常合理的。因为该方式告诉我，将来我开仓以后，假如大豆发生了非常大的回撤，那么我知道，只要它不发生 5 年一遇的最大回撤，我就不会爆仓。

或许有的人会说，按“三多”系统采用的这个简单指标，可能大豆的回撤幅度非常大，导致 1 万元资金都开不了 1 手仓。必须承认，肯定会发生这种情况，所以我要用多指标、多周期来组合投资。

或许有的人会说，大豆就发生了历史上 5 年一遇的最大回撤，导致账户爆仓。好，虽然这种事情发生的概率比较小，但我运气实在差，开完仓以后这个品种就爆仓了，但也没有什么可怕的。因为我的投资标的是多品种的，大豆爆仓了，有色未必吧？好，就算有色也爆仓了；不是还有化工吗？假如化工也爆仓了，那么我还有最后一道防线——这 3 个品种只要不赶在同一天爆仓，我就还有东山再起的本钱。

如果说我的 3 个持仓品种都爆仓了，又赶在了同一天，这种概率也是会出现的；但从“三多”系统的角度来看，这种情况发生的概率实在太小了。如果始终担心这个问题的话，就不要进入期货市场了。

上述内容就是我的资金管理观，我认为它非常合理。

对于上文提到的30%的开仓比例，我们参考一下即可，没必要去死记硬背、生搬硬套。理由是什么呢？如果认为30%的开仓比例是安全的，那开3%呢？岂不是更安全了吗？但我们做不到，因为资金成本摆在那里呢！

开仓和平仓

核心观点

确认是盘整行情时开始交易，确认是趋势行情时结束交易
市场止损我开仓，市场加仓我止赢
满仓开仓

在市场中，大部分人都认为应该追逐趋势，也就是当出现盘整行情时休息，等确认出现趋势行情了，才入场做交易。我之前也是这样认为的，但现在我却认为这样做反而是颠倒了——应该在盘整行情被确认时开始交易，在趋势行情被确认时结束交易。我之所以这样认为，是因为盘整行情和趋势行情总是交替出现的。

确认是盘整行情时开始交易，确认是趋势行情时结束交易

阅读提示

横盘走势也是一种趋势

盘整行情一般是指价格在某个区域内窄幅波动，呈现出横向盘整的特点。那么，价格的横盘走势算不算是一种趋势呢？很多人认为价格上涨是一种趋势，价格下跌是一种趋势；但价格的横盘走势却不是趋势。在这种观点的指导下，大部分投资者的行为是：在价格出现横盘走势时，就袖手旁观，不做交易；一直等到价格上涨（下跌）的趋势非常明显时，才着急入场。我认为，这种观点和行为都是错误的。

在我眼中，价格的横盘走势也是一种趋势，更确切的说法是此时行情正处在趋势的酝酿过程中。在价格呈现横盘走势时，绝对不可以袖手旁观，不能空仓，或者彻底离开市场。此时正确的做法应该是，当盘整行情确认时，就开始入场交易，开始建立仓位。因为只有投入资金，你才会真正关注市场、感受市场，才能保持对市场的敏锐度。只有这样，你才有可能抓住市场接下来的大机会。当然，这种交易是一种趋势跟踪交易。

虽然我读书不多，但我认为有首诗可以很贴切地形容这种现象：“风雨送春归，飞雪迎春到。”大家慢慢体会，漫天飞雪的时候，虽然寒冷，但熬过这段时间，春天也就不远了。做期货也是一样，在

行情盘整时就要入场做交易，因为此时意味着未来会出现一个趋势性行情。

有人说此时进场如果亏钱怎么办？我们有“三多”系统呢，根本就不用害怕。只要我的资金管理方式很合理，就不怕亏钱；只要没有发生5年一遇的最大风险，就无须害怕。那么真正该怕的是什么呢？怕踏空！而不是怕亏钱。从“三多”系统的交易成绩来看，每一次盈利的经历都是开始时亏钱，但趋势一来就赚大钱。2016年10月的行情，我们赚得盆满钵满。因为行情突然一下就起来了，如果在之前盘整时你不把仓位建好，一旦行情真正起来了，价格在急速上涨时你敢追高吗？

我是不敢，同时我的系统也不允许追高。因此，我们最怕的就是踏空！因为行情一旦来了，往往是迅雷不及掩耳之势，一下就涨起来，基本上每一次大行情都是这样爆发的。很多人都有这种经历——看对了行情，却没赚到钱。因为价格涨起来后，大部分人就不敢追了，想等跌下来再买，结果行情一去不复返。所以，我们应该在盘整行情确认了的时候就开始入场。

此时，市场中的其他交易者在做什么呢？往往都在做止损。所以，当其他交易者在做止损时，我却开始偷偷进场了。因为其他交易者是奔着趋势行情来的，当发现价格仍在盘整时，就认为自己做错了，就会去止损，一旦止损的人多了，价格就被止下来了。但反过来想一想，如果大家都止完了，压力一旦减轻，价格是不是就该往反方向运动了？因此，理论上此时最容易出现突发性行情。

所以，此时的盈亏比是非常诱人的，因为我在用成本很低的小亏损，等着换来一波趋势性行情。在趋势性行情到来之前，就算账户产生了浮亏，我也坚持持有，心态也没有变坏，因为我已经规避了价格的一大段调整走势。此时，我就没事可干了，跟哥们喝喝茶，聊聊天，让行情走它的呗，我就拿着单子不动了。

我是这样想的，只有接受盘整行情和由其导致的亏损，才能抓住每一波比较大的行情。如果专门等行情出现时才入场，很难每一次都能抓到它。“三多”系统具备的特点，使得价格在盘整时我们的仓位一定是最小的；当大行情出现时，不管长周期还是短周期，系统指示的方向都是一致的，此时的账户中就没有对冲性仓位了，持仓量一定是最大的。因此，大趋势对应着大持仓量。

“确认是趋势行情时结束交易”，这句话不难理解：当大多数交易者一致认为趋势已经形成时，正是趋势行情走势最猛的时候，这时我们并不跟随众人的脚步，反而剑走偏锋，开始悄悄地撤出市场。所以，别人眼中的良机，却是我们眼中的危机。

市场止损我开仓，市场加仓我止盈

阅读提示

根据资金曲线与其均线的相对位置来开平仓

上文提到，“三多”系统使用的都是一些简单的技术指标，这些指标人人都会用，但各自的用法可能就不一样了。我们的用法是，从结果上去分析，然后倒推着来——由结果来决定开始。具体做法是：通过技术指标制作资金图，然后利用资金图来寻找开平仓时机。我自己常年绘制系统的资金图，图中有两条线：一条是资金曲线，另一条是资金曲线的均线。这种图每隔一两个月就更新一次。

再好的技术指标，它的资金曲线图也是上下波动的，不存在一直平稳递增的情况。我认为能波动的资金曲线才是可以利用的。一旦资金曲线在均线之下时，当然离均线越远越好，远到一定程度后，说明回撤幅度已经比较大，只有在这个时候才可以开仓。我们的想法是，在开仓的那一刻，就要把将来可能会有的回撤考虑进来，最好已经涵盖了历史上最大幅度的回撤。因为资金曲线回撤的幅度越大，未来向上的概率和幅度就会越大。

这样做的结果是，入场的资金始终比较安全。除非市场再一次出现历史上 5 年不遇的大回撤，而且恰好在我刚开仓后就出现了，然后还正好赶上所有的品种都在同一时间出现了 5 年不遇的大回撤，否则让我爆仓的概率几乎是没有的。

在跨度达 5 年之久的资金曲线图上，当资金曲线远低于图中均线时，市场基本上都处在相对比较低的位置，行情处于比较低迷的状态，此时其他交易者一般都在忙于止损，而我们却正在开仓。当资金曲线高于均线并且到一定高度时，其他的交易者会认为趋势得到确认，往往开始加仓，导致行情变得疯狂，而此时我们却要止盈了。所以说，市场止损我开仓，市场加仓我止盈。在"三多"系统的帮助下，如果能把这两个规则严格执行下去，我认为把期货做好的愿望还是比较容易实现的。

满仓开仓

阅读提示

当入场条件符合时，开仓就满仓

所谓满仓开仓，就是指当入场条件符合时，一开仓就建满仓，不会先试试看，对了再加仓。曾经有很多人对我说，这样做交易还不止损，这是不懂风险控制；但事实上，我做交易 20 多年，如果没有风险意识，我的交易之路也走不到今天。其实，满仓开仓是“三多”系统的规定，是它要求我这样做的。那么满仓操作的具体含义是什么呢？

根据“三多”系统的要求，我年初都会制订操作计划，即针对某个品种的一条线，计划给它分配多少资金，事先就已经把开仓量给固定下来了。例如，一条线计划要投入 10 万元，而根据“三多”系统能开仓 3 手，一旦系统发出开仓指令，我们开仓就是 3 手，绝不会先开 1 手仓试探一下市场，然后再根据情况决定加仓与否，因为用不着。

再强调一下，每次开仓前一定要等，耐心等资金曲线跌到均线以下再开仓。宁肯舍弃一些能赚钱的机会，也不要在资金曲线的高位开仓，只有在它位于均线以下时开仓，入场的资金才是安全的，这一点非常重要，尤其是对一些新手来说。

止损

核心观点

亏损就扛着，绝不止损

止损，从字面上理解，就是要止住未来的损失。进入期货市场的交易者，学到的第一课，往往就是如何去止损。而且，大家都公认，只有把止损做好了，才有可能在期货市场中生存下去。

但是，关于止损，我却有不同的观点：亏损就扛着，绝不止损。理由是什么呢？因为在开仓之前，我已经把我们能想到的所有风险都包括进来了，例如出现跌停板、行情剧烈波动等，而上述情况的应对方案都提前做好了；同时，因为“三多”系统事先已经非常科学地安排了每条线上的持仓量，尽管每条线都是满仓，但行情再回撤我也有资金。所以，在“三多”系统的规则里，一旦开了仓，坚决不允许止损。

在持仓过程中，账户中的盈利叫浮盈，亏损叫浮亏，这些都是暂时现象。由于我对这个系统非常信任，无论资金出现多大幅度的回撤，基本都在我的计划之内，在心理上我都可以承受得住。

其实，止损的本意是想止掉未来的损失，但是，很多时候人们却把未来的盈利给止掉了。我从 2002 年就开始搞研发，拥有一个 50 多人的团队，我们曾对自己的止损结果进行过统计。统计结果显示，在我们曾做过的止损交易中，70%都是错误的，正确率只有 30%。因此，我认为，止损可以不做。因为做期货其实就是做大概率事件！当你计划要入场交易时，只要在历史上一再被证明，此时开仓盈利的概率大、亏损的概率小，哪怕是开完仓以后立即被套，都应该去做。

估计有人会产生疑问，如果不止损，一旦做错会不会被爆仓？上文介绍过，“三多”系统采用了多品种、多指标、多周期的组合。它最大的特点，就是 1 条线爆仓无所谓。在 100 条线中，就算 10 条线都爆仓也无所谓，全部资金也就亏了 10%，还有 90%的资金在静候未来的趋势行情。

做期货谁没亏过钱呢？我认为亏损并不可怕。说实话，就用这一招，在我20多年的期货交易过程中，包括在使用这个系统之前，我从来没有被爆过仓，而且我认为以后也不会被爆仓。

不止损实际上是止损的升级版，它采用在同一品种上相互对冲的方式，来达到比单纯止损更好的效果。因为当同一品种在长周期上是盘整行情时，在短周期上可能就会出现小的趋势行情，在“三多”系统中就会形成多空对冲的持仓结构，也就减少了净仓量，达到了止损的目的。

总之，一年中我们的交易行为就是——开仓、止盈、等待；开仓、止盈、等待；……。实际上“等待”的作用非常大，就是等到资金曲线回撤到历史上比较低的位置时才开仓，这样的话大概率就能避免再次遇到历史上比较大幅度的回撤。

延伸阅读

对于长期受传统投资理念熏陶的人来说，第一次接触"三多"系统，感觉会非常震撼，因为它完全颠覆了自己头脑中已经根深蒂固地对交易之道的认知。

最令人印象深刻的说法莫过于：亏损就扛着，绝不止损。这简直就是离经叛道的"异端学说"啊！因为在几乎所有投资者的心目中，止损最重要，其重要性甚至要超过止盈。

你看，从股神巴菲特到"华尔街幽灵"，他们一再强调，进入资本市场，一定要保住本金。如何保住本金？当然是要学会止损了，这是顺理成章的事情。

但是，本章之所以强调不止损，是由不同的理念所导致的。让我们剖析一下，在入场之前，常规做法和"三多"系统做法的区别。

常规做法是：大部分投资者都是根据技术指标发出买卖信号时，才进场交易，进场后一旦走势与预期不一致，就认为自己看错了，会立即止损来规避未知的风险。

"三多"系统的做法有其精妙之处：在入场前，会计算资金曲线在历史上5年中的最大回撤幅度，然后，开仓前就把该回撤幅度考虑进来，即通过开仓手数的多少来事先规避这个风险——回撤幅度大时，开仓手数少；回撤幅度小时，开仓手数多。正是这种事先规避风险的做法，让本章作者有了不止损的底气。

所以，作者不是不止损，其实是化止损于资金管理之中，把它放到开仓前的准备工作中去了。不得不说，作者在这方面的心思太巧妙了。

以上述内容为基础，对本章介绍的其他理念，就容易理解了。

“满仓开仓”接受起来并不难，事先已经规避了5年一遇的回撤幅度，并且还要分散投资，满仓开仓反倒是非常恰当的选择了。“确认是盘整行情时开始交易，确认是趋势行情时结束交易”“市场止损我开仓，市场加仓我止赢”，这些表述充满了哲学意味，具有很强的思辨性，是逆向思维在交易中的直接体现。

第三章

MMA交易系统实战技巧分享

胡嘉佳

MMA系统包含五大要素，分别为量、价、线、形、位。之所以把“量”置于五大要素之首，实在是因其重要性无可比拟，这主要体现在两个方面：一是时间因素；二是行情的推导逻辑。

五大要素的推导逻辑是这样的：有买卖才会有价格的变动，价格确定后才会有指标出来。

我将这五大要素结合起来运用的目的之一，就是培养自己的谨慎态度，放弃模棱两可的交易机会，减少不必要的亏损。

我的投资经历

我大学学的是金融专业，所以接触资本市场比较早，是在2004—2005 年。和大多数人的投资经历一样，我也是从做股票开始起步的，起初只是抱着试一试的心态去做，从没想过以交易为生。也许是那时的运气好，再加上一颗平常心，最终竟然还赚了钱，2 万多元一年就赚到了 13 万多元。在见识了资本市场的魅力后，就一发不可收拾，毕业了也没想去找工作，就一直做交易。

2007 年 5 月 30 日，大家都知道，因为一些事情，股市出现了大面积跌停的现象，指数的 3 个跌停板简直把我这个新手吓得目瞪口呆。还好当时我手中持有的都是蓝筹股，其中就有万科，但万科后面的翻倍行情我没吃到，因为 3 个跌停板已经把我吓傻了，万科一跌回成本价我就跑了。

2007 年，权证市场已经很火爆了。告别股票市场后，我就开始炒作权证，因为它当天可以买卖很多次，对于刚刚经历“5・30”事件而惊魂未定的我来说，觉得这是当时最好的选择。我曾买过南航权证，买进价格是 5 分钱，3 天后涨到了七八元钱，但我在其涨到三四元钱时就卖掉了。其实，现在期货市场中很多做日内高频的交易者，也都是当时炒权证出身的，这个市场培养了很多炒单的人才。

后来，权证市场也被管制了。我有阵子实在不知道该去干什么，因为当时我已经不敢再回去炒股票了。后来就在网上找机会，就接触到了期货，并去营业部开了户。我当时很傻，也不知道手续费是可以谈的，就按照开户时的比例交易，估计当时我的手续费是整个营业部最高的了。我一看手续费这么高，短线是没办法做了，就把期货当股票来做了。那时也没人教，就自己摸索，真正是“摸着石头过河”，也没有充分意识到期货的杠杆作用，全部都是满仓交易。这种交易方式开始虽然赚了很多钱，但没多久就因为浮盈一直加仓而被爆仓了。

我进入期货市场时，2 万多元已经变成 40 多万元，做的品种是白糖。当时白糖从 4000 点跌到 2800 点，我 3500 多点、3600 多点进去，采取浮盈加仓的手法，半个月时间，40 多万元被我做到了 200 多万元，而我当时也才 20 多岁。

但是，我没能守住这些财富，因为白糖再度涨到 4000 多点时，我开始多转空，并满仓开空单。理由是从白糖的 K 线图上看，之前在 4000 多点的位置，价格在此曾形成过平台形态，故我认为在此处有阻力并且价格要回落。开完空单后，刚开始是赚钱的，后面就来了 3 个涨停板。当价格刚拉起来时，我还扛着不止损，后来扛不住就平仓了，结果资金账户中只剩下几千元钱，我的 200 多万元就这样没了。后来进行反思时，我才发现是因为霜冻灾害导致了白糖价格的暴涨。可惜我当时还不知道要去研究基本面。

爆仓后，我始终也没有退出期货市场。我当时的想法很简单：剩下的钱虽然不多，发财大梦是不敢做了；但一天能赚个 100 元就好，一个月也有 2000~3000 元的收入，不比出去打工差。其实，主要原因可能是我这个人性格比较固执吧，认定了一件事情，就非把它完成不可。而且我是真心实意地喜欢交易，虽然当时水平很差，但我可以通过学习来慢慢提高自己。当时也是仗着自己年轻，啥都不怕，没有想过太多未来的事情，只知道先把眼前的事情做好了，未来就会慢慢好起来。

后来就一直交易，业绩起起伏伏，看到或听到觉得对交易可能有帮助的知识都尝试着去学，技术分析也研究，基本面也学一点，但是都不精通，水平就是半桶水。一直到现在，一晃已过去了 10 多年，还在交易之路上摸爬滚打。如果有人问我期货是什么，我会说它是最坑人的行业；但是，如果命运重来一次，我仍然会走这条路，因为我就是我啊。

我眼中的技术分析

核心观点

技术分析更易入门

在期货交易的分析方法中，相比较而言，技术分析更容易入门。对于基本面研究来说，除非你是某个行业里面的从业人员，否则很难在短时间内了解它，因为信息来源不广泛、不及时。但从大处着眼、小处着手的思路是对的。

期货、股票、外汇、现货 T+D① 等市场，但凡可以用图表来表达的价格波动，都可以使用技术分析来研究。好的技术分析方法绝对不会出现在这个市场适用，而到另外一个市场则不适应的情况。当然，其中的规则是需要了解透彻的，而根据规则变化来适当调整仓位比例也是必需的。

处于金字塔顶端的玩家总是对规则了如指掌，利用规则，但不

① 延期交割。

违反规则。比如经常看到的逼仓现象，攻方对规则掌握得很透、吃得很准，但却没有破坏既定的规则。举个例子，在期货交易中，有一种操作手法就是 3 天交易技巧，其间，庄家主要利用了两个规则：一是结算价规则；二是杠杆规则。

比如某合约有利好出来，庄家第一天就放量拉到涨停，第二天就不用继续往上拉，只要保持价格不跌就可以了，同时找机会尽量把单子出掉，因为止损盘会帮庄家往上拉，为什么？

因为第一天涨停时的结算价往往比较低，客户账户里的可用资金还是正数，此时期货公司不会强平客户的持仓，就算客户的仓位比较大，期货公司也不会强平。第二天，就算合约价格不涨，结算价也会比较高，期货公司在 10：30 会给客户打电话，让客户追加保证金，不然 14：30 期货公司就会选择强行平仓。所以，实际上 14：30 的那一波上涨是由期货公司或客户强行平仓造成的，是他们在帮庄家拉升，此时庄家可以轻轻松松地平仓，根本就不用自己使力。第三天，有些交易者比较能扛仓，扛到第三天的时候，扛不住就开始砍仓了，价格就表现为急速冲高后的突然下跌走势。

下跌也是一样，除了第一天跌得很狠，第二天的平盘走势，就是庄家逼交易者自己往下砍仓。其间庄家除了第一天用力打压价格外，第二、三天只是借规则之力来达到自己的目的而已。这种做法在铁矿石合约里面是最经常出现的。

上述手段就比较高明，很明显，对于大部分散户投资者来说，它是很难防范的。所以，作为一名交易员，一定要吃透规则，在此基础上我们可以合理利用规则，但不可以践踏规则。

在日常生活中我们一定要养成好习惯，人无完人是没错，但要努力去慢慢改变。古人云，“勿以善小而不为，勿以恶小而为之”，这句话我觉得放到交易里也是一样的。因为“小”中有大。“小”水滴不断滴下，力可透石；“小”火星就可以燎原；“小小”的一句话，足以影响一国之兴衰；“小”不忍，即足以乱大谋。那些不起眼的小毛病一旦累积成习惯，就会带来大问题。

我眼中的交易系统

核心观点

交易系统包括科学的资金管理，有效的分析技术，良好的仓位分配和风险控制

交易系统是什么呢？它包括科学的资金管理，有效的分析技术，良好的仓位分配和风险控制。它的最终目的是稳定盈利，它与单一的交易手法有着本质区别。如果给你一张走势图，你能否根据当前的技术图形做出合理的仓位分配？如何抉择哪个是更好的入场机会？哪个可能是虚假的信号？诸如此类的问题都是系统要回答的问题。而单一的类似突破跟进等交易手法，却无法解答此类问题。

在介绍我的方法之前，我不得不秉持一个交易员的态度，诚恳而又郑重，且不厌其烦地强调：以下所举案例，是可以找到极端的反面例子的。而且，如果你真去找了，我将十分高兴。因为你完全具备了独立思考的能力，并且有着良好的学习习惯。或许你会问，既然如此，讲这些还有什么意义呢？既然有极端的反例存在，那我如何判断这次出现的不是反例呢？

我认为，这个问题需要从概率方面来解答。据报道，任何技术指标，如果单独使用，其成功率都不会超过七成；但我们仍然选择使用它们，主要是因为其成功的概率比较高，而不是百分之百不出错。其实，这也就更加强调了综合考虑各种情况的重要性。诚然，这样做会降低操作的频率，但却能够带来更高的胜率。毕竟我们是为盈利而交易，不是为交易而交易。

根据我的经验，对技术分析能力的训练，需要分析、对比大量的走势图，这是每天必须做的工作。从这一点来看，期货市场最大的缺陷是走势图不够多，你只能去股票市场寻找。

我每天都会把所有个股的走势图翻一遍。一方面是培养自己对市场的熟悉程度，即对市场的感觉；另一方面是通过分析、对比各种图形，来开阔自己的眼界。只有各种走势见多了并把它们归类起来，你才知道哪些走势是值得操作的。你可以把过去 10 年的牛股通通找出来，它们的走势图一定有一些共性的东西，值得你去把握和借鉴。

做长期趋势分析时，我推荐用具体合约的文华指数而不用彭博的主连，因为文华指数是以具体合约的持仓量为权重来加权计算的，连续性要相对好一些。

MMA 实战系统

核心观点

博取众家之长，充分综合运用

以下内容是我多年实战的心得累积，以及对交易之道的一些领悟，它们只是一般性的规律，绝不敢妄称是我本人的独特发明和创造。事实是，任何一种方法，无论是技术面还是基本面，也只是对价格变动规律的一种发现而已。只要是规律性的、普遍存在的东西，都只能被细心而又刻苦的人通过大量的观察、实践检验总结出来，并不能被任何人创造出来。如今市面上流传的许多交易手法，虽在细节方面有异，但若深究其原理却是大同小异，也就是所谓的“万变不离其宗”。

我的交易系统为什么要取名为“MMA”呢？其实，MMA 是 Mixed Martial Arts 的缩写。通常译为综合格斗，它是把各种格斗技综合在一起形成的攻守模式。因为不管是拳击，还是柔术，没有谁比谁更强，唯有全面结合、立体运用，才能真正立足于当代综合格斗擂台。

上述思想充分而又恰到好处地道出了我内心所想之核心。可见天下事虽表现形式不一样，但总有一些内在的道理是相通的。而所谓的一通百通，大抵也如此。单一的交易手法要应付如今风云变幻的市场已经显得力不从心，博取众家之长为己用，充分展现综合运用的能力，我认为才是交易的正道。

基本功

阅读提示

观察能力、分析能力、攻击能力、执行能力

MMA 的基本功包括如下：

第一，观察能力。重点放在价格所处阶段、图形特征、买卖时机、品种选择，以及相关的注意事项等方面。通过大量的观察、对比训练，练就一双老鹰般的眼睛，不见兔子坚决不出击。

第二，分析能力。重点放在真假信号的辨别、五大要素是否齐备、市场氛围配合不配合等方面。要做到兵不厌诈，因为选择有时比努力更重要。

第三，攻击能力。通过对大量案例的观察与分析，对机会的捕捉要形成条件反射，即排除主观思维的干扰。只要交易信号一出，就能够在第一时间内如狼似虎般扑上去，死死咬住不撒嘴；直到离场信号出现，再撒丫子就跑，要跑得比兔子还快。

第四，执行能力。尤其是对于止损的执行不力情况，应当制定一套合适的自我惩罚机制，诸如做一组俯卧撑或者跑上 1000 米，既锻炼了身体，又起到了警示自己的作用。当然，并不是说只要一亏损就惩罚自己，而是要区分亏损的具体原因。如果是正确地执行了交易指令，那么亏损是可以接受的；如果该笔交易纯粹就是随心而欲的行为，导致严重违反了交易规则，那么适当的自我惩罚是必要也是必需的。越是优秀的交易员，越懂得严守规则的重要性，即便在无人监督的情况下，也能够做到令行禁止。

五大要素

阅读提示

量、价、线、形、位

如图 3-1 所示，MMA 系统包含五大要素，分别为量、价、线、形、位。

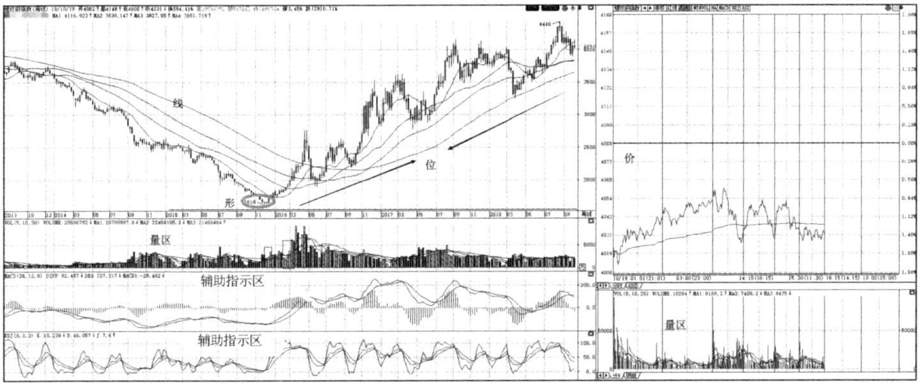

图 3-1 MMA 系统的五大要素（量、价、线、形、位）

量、价、线、形、位这五大要素在某些微妙的时刻，都会起关键作用。因此，忽视其中的任何一项，都有可能在不经意间造成致命的伤害。这五大要素若是将每一项展开来，又各自包含非常多的子项目。因此，说技术分析是一门浩瀚的、综合性的学问，一点也不为过。而要将此五要素融会贯通，得心应手地用于交易之中，则更是需要扎实的基本功。

单纯掌握其中的某一项要素，如果行情刚好适合，也许会做得一帆风顺；但是必然在别的要素起主导作用时，变得不堪一击，交易成绩由此大起大落。所以，要把这五大要素结合起来运用的目的之一，就是培养自己的谨慎态度，放弃模棱两可的交易机会，减少不必要的亏损。

举个例子，如图 3-2 所示，这样一种走势，后市会如何——涨？跌？平盘？

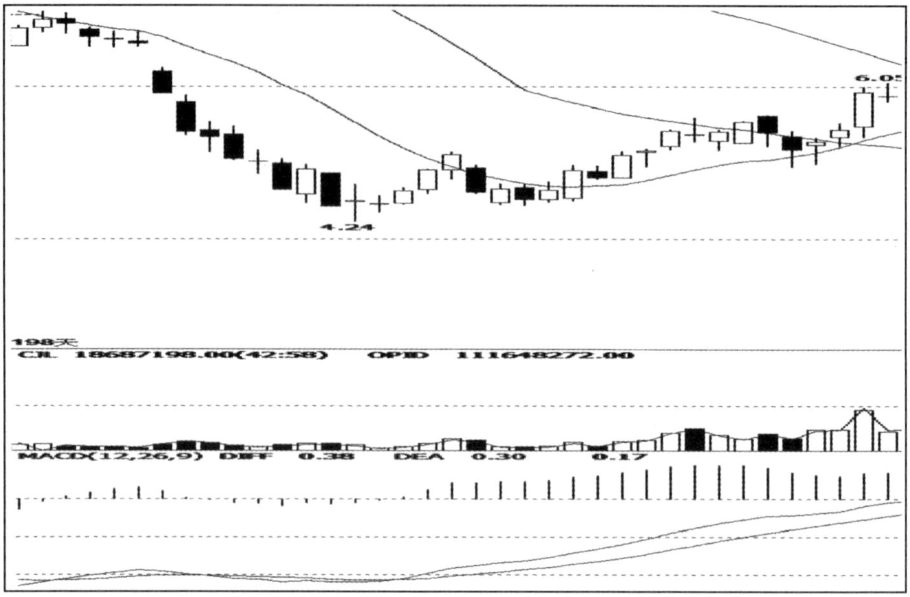

图 3-2 五大要素配合的实际案例（1）

如果仅仅从成交量的角度考虑，呈现出一种逐渐放量的特征，价格也在缓慢攀升，有人觉得后市可能还是会涨。但实际走势如图 3-3所示，价格却是往下走的。

其实，图 3-2 和图 3-3 的问题，重点并不是量的问题，而是其他要素的问题。此处的上涨，并没有其他要素来配合：均线整体是空头排列的；MACD 也没有配合，按照传统理论来说——MACD 在 0 轴之下无多单。所以，注重五大要素的配合，可以帮助我们避开一些陷阱。

图 3-3　五大要素配合的实际案例（2）

当然，良好的资金管理在此时可以起到很好的辅助作用，但如果仅仅依赖资金管理，则其反作用亦是相当明显的——制约将来的盈利空间，也同时抹杀了交易员的成长空间。这里不得不强调一点，不是说资金管理不重要，而是说很多交易是不必要的。

受篇幅所限，本章仅讲解量和线的内容。

量篇

价升量增，价跌量减，是每本技术分析书籍都免不了要谈到的内容。遗憾的是，少有作者会进一步挖掘该规律的内涵，因为大部分书籍仅仅是简单地描述一下，就一笔带过了。而我之所以将量置于五大要素之首，实在是因其重要性无可比拟。

我认为，量是价格运行的根本动力，特别是在关键的攻击节点上（均线的交叉点），则更需要量能的大力支持。为什么我把均线的交叉点看作是攻击节点？以按摩为例，我们知道，人的身体里有经络，这些经络的交叉点就是穴位，在穴位处用力，往往会取得“牵一发而动全身”的效果。当我们去按摩时，按摩师只会按摩穴位，只会在穴位处用力，而不会在身体随便一个地方乱用力。同样的道理，在走势图中，均线就可以看成人体的经络，均线的交叉点就相当于穴位。在这些交叉点上，如果没有放量，骗线的概率就比较高。有时一模一样的两个图形，就因为成交量不一样，后市的方向就不一样。

关于攻击节点上的量，是参照持仓量还是成交量？在不同的情况下，两者的变动并不同步，要看走势具体处于哪一个阶段，还要看你操作的周期级别的大小。如果你只是看分时图的话，大概率两者是同方向变动。如果说你做长线，比如以日线级别为主的话，就要看当时价格已经处在什么位置了：如果是趋势初期阶段的话，它俩的变动方向应该还是一致的；如果已到趋势后期或者洗盘的阶段，它们俩的变动方向会产生一定程度的背离。

具体来看，在价格攻击的节点上，最好是持仓量和成交量同步放大，这种情况是最理想的。在趋势初期的时刻，持仓量和成交量大概率会同步；在拉升阶段，成交量会缩量，但持仓量会增长；到趋势末期的时候，持仓量开始缩小，成交量却开始放大。

当多数人仅仅聚焦于价格的快速波动之时，只有下方的量能变化在默默地揭示价格运动背后隐藏的玄机。因为主力不会那么笨，让你明显看出他的意图。就像下象棋，高手之所以是高手，是因为他擅于挖坑，让你以为他犯错了，其实这是他引着你往里跳，让你去犯错而已，这才是真正的高手。所以，看起来是很好的交易机会，有时候恰恰是一个陷阱。这种情况怎么去甄别？只有多去分析走势图，多去总结，除此之外别无良法。

具体来看，量的重要性体现在两个方面：一个是时间因素；二是行情的推导逻辑。尤其是第二个方面，逻辑应该是这样的：有买卖才会有价格的变动，价格确定后才会有指标出来。

首先，量领先于价格。因为有了成交（量）以后才会有价格，没有成交就没有价格。其次，价格领先于指标。比如5日均线就由5天收盘价格的算术平均值决定，而平均值的数量多了以后，就可以连成一条线，这就是5日均线。所以，一定是价格形成以后，才有指标出来。所以说，指标一定是滞后于价格的。

有了上面的基础，我们就会明白——分析价格走势，一定要从量开始，而不是从指标开始。量、价、线、形、位的排列顺序是不能颠倒的。用指标去分析价格，就是用滞后的东西去分析领先它的东西，由于逻辑顺序是颠倒的，因此是错误的。你在错误的方向上越用功，离成功就会越远，因为你在做本末倒置的事。

一波浩浩荡荡的行情，一定是先经过漫长的量的累积过程，而这期间的指标是会失效的。如果没有量的累积过程，仅根据指标发出的信号来做交易是很难赚到钱的。一波完整的行情，通常会经历一个放量，缩量，再到放量的过程，具体情况见图3-4。也就是说：在量的积累过程完成以后，主力开始拉抬价格，并吸引跟风盘进入，此时量能就会慢慢放大；在继续上涨的过程中，成交量反而是缩小的；当价格涨到一定阶段时，主力会慢慢出货，成交量开始放大，致使价格遇阻回落。之后，伴随着价格的下跌，是新一轮量的累积过程。此乃量能利用的原理，在此基础上，可以发展出形式多样的技巧。

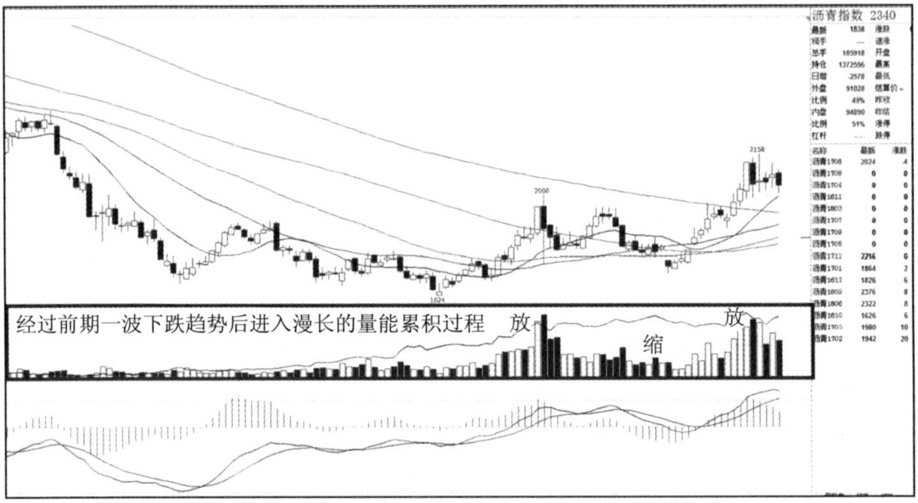

图 3-4 量能利用的原理

股市中也存在这种情况。如图 3-5 所示，2005—2007 年的上证指数，放量—缩—放量的过程清晰可见，最终是量先见顶价格才见顶。

根据我的统计，无论是大行情还是小波段，都会有这么一个过程。这几年的牛股走势图，或者期货市场中大的行情走势图，基本都会经历放量—缩量—再放量的过程。所以，技术分析对任何市场都有效，如果对期货市场有效而对股票市场无效，那该技术分析方法一定是有问题的。

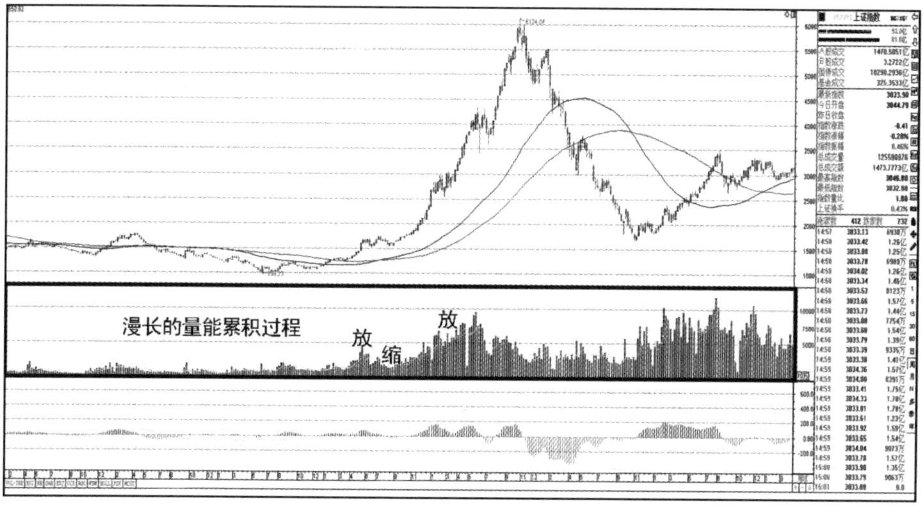

图 3-5 上证指数的量能缩放情况

对于量能的原理，可以做如下细化：

站桩聚气

单纯一个量的要素，在一段趋势里，会经历建、拉、洗、离 4 个过程，其间可以细分成许多形态，而站桩聚气只是其中的一个形态而已。

任何有实力的资金想要炒作某一品种，如果不是迫不得已，或者在没有极大把握的情况下，一般不会去选择当红品种；反而会更喜欢那些在较长一段时间内，价格和量能都维持在极小波动范围内的品种，尤其是大家对其长时间的静默已经习惯到无视其存在的冷门品种。任何市场都是如此。

资金一旦选择好了进攻的标的物，由于筹码收集得不够，进攻的信号不会先体现在价格上，而是体现在量能上，量能会出现连续放大的现象。此时正是主力资金在“站桩”，目的是为以后行情的纵深发展“聚气”。具体情况见图 3-6、图 3-7 和图 3-8。

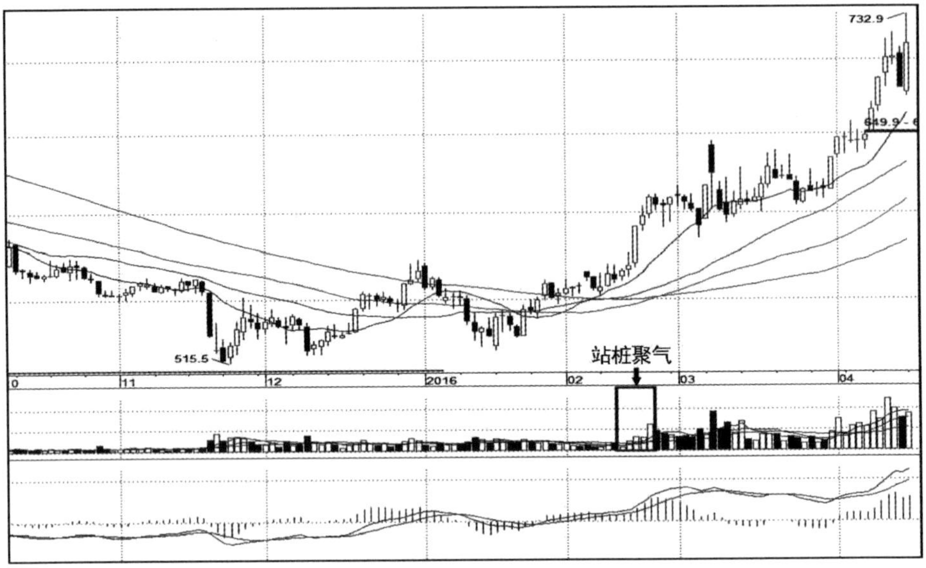

图 3-6　站桩聚气案例（1）

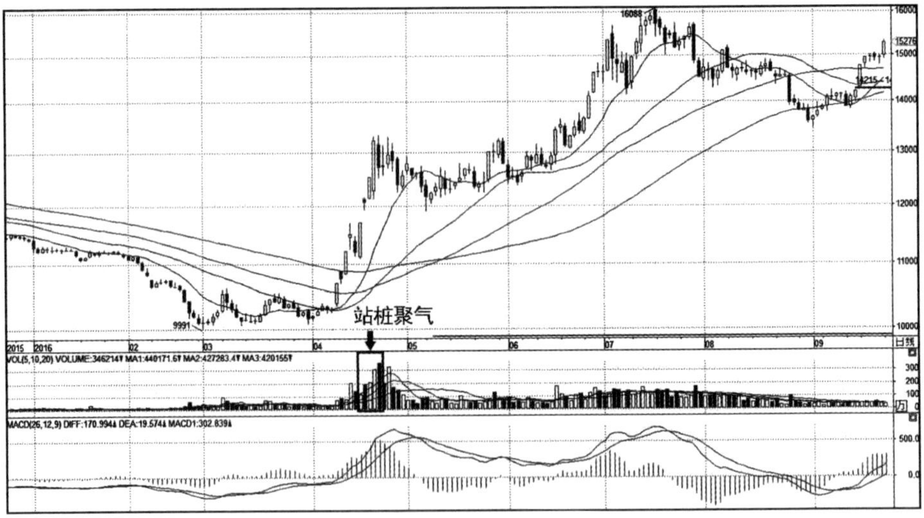

图 3-7　站桩聚气案例（2）

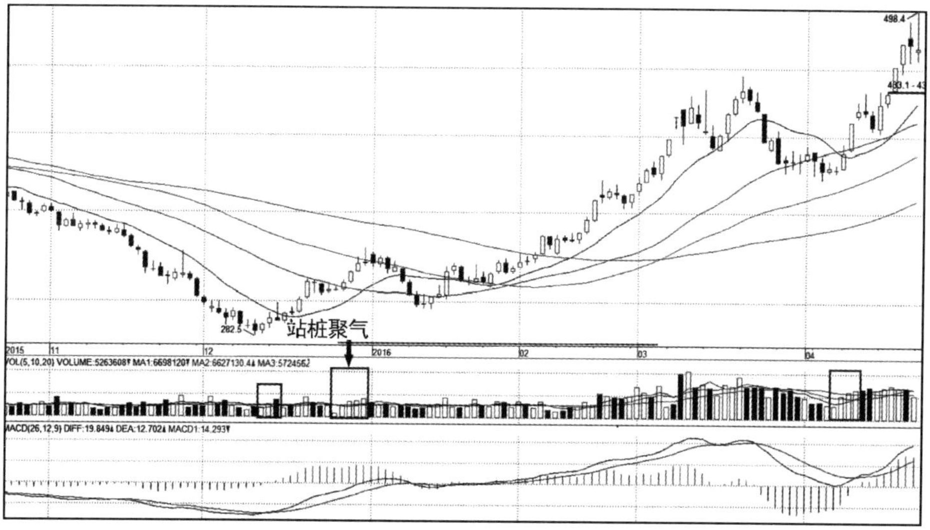

图 3-8　站桩聚气案例（3）

以上 3 张图都充分显示了等待主力资金站桩聚气完成后再进场，从而避开不必要的震荡市的重要性。

量能的变化有很多形式，就像 K 线一样，不同的组合形态可以导致不同的结果。举一个比较典型的例子，在量区内，如果看到出现了慢慢放大的 3 根量柱，一般预示着底部出现，但价格不一定马上就涨，所以不要急于跟进。有时底部会连续出现两三组、四五组这种情况。

量的累积阶段过去后，如果出现放量现象，并且是 3 根连续放大的量柱，这时就可以利用指标来辅助自己进一步判断后市。例如，在图 3-6 和图 3-7 中，价格都站到了均线上面，而图 3-8 中就没有。

注意事项：

第一，“站桩”中要求量柱的数目必须在 3 根以上。“聚气”的时间越长，后市的攻击力道往往越强。

第二，量能的放大不代表价格马上会涨，仅代表有资金进入。

因此，在K线图上发现这一情况时，不必急于进场与主力资金抢筹，应耐心等待其他要素也发挥作用时再入场。

第三，此阶段一般处于市场的初始上涨阶段，属于安全边际较高的区域，逢价格回调企稳时可积极建仓。

一苇渡江

所谓的一苇渡江，一般情况下，是指行情处在缩量拉升或下跌阶段，在气势上讲究轻灵快速、一气呵成，在价格上更有可不假舟楫而迅速越过大江大河之势。在极端情况下，价格会出现涨（跌）停板，而成交量呈现缩量状态，之前的涨（跌）势顺利延续。一般说来，此时的主力资金一般已经建仓完毕，既通过初步拉升（或下跌）营造了比较好的市场氛围，又在反复震荡洗盘中清理掉了不安定分子，更在媒体渲染的形势一片大好（或凄惨）的环境中，进入最后的拉升（或下跌）阶段。

举两个比较极端的例子。第一个是我做白糖时爆仓的案例。当时我刚从股票市场转到期货市场，并不懂期货。当时如果我能多参考下其他要素（指量、线等），就不会犯这种错误，从而在4000多点初步遇阻时就做空白糖（见图3-9）。白糖爆仓对我的教训就是，图形中的要素要结合起来看，虽然此时的交易频率会被动下降，但对我来说，反倒宁愿交易频率能降下来。

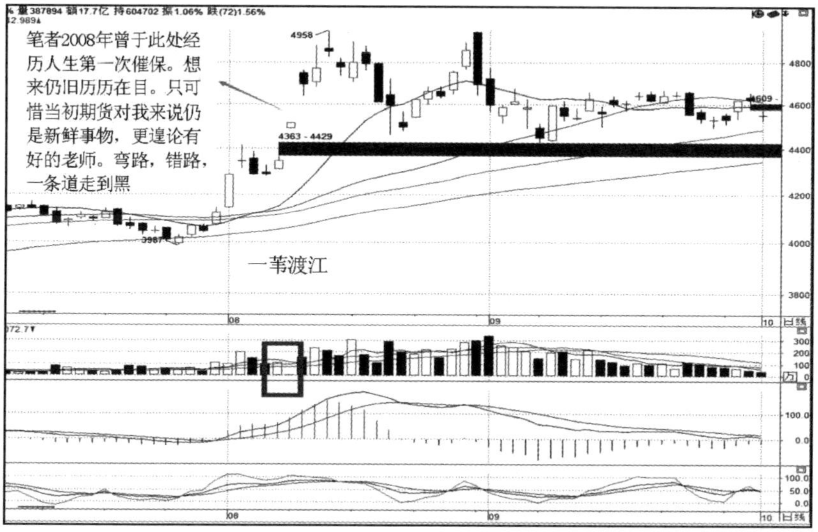

图 3-9　一苇渡江案例（1）

第二个是下跌的例子。如图 3-10 所示，价格曾经数次出现连续跌停的现象，但始终没有发出见底信号，因为其间量柱一直在萎缩，没有新的力量介入来扭转这种局面。

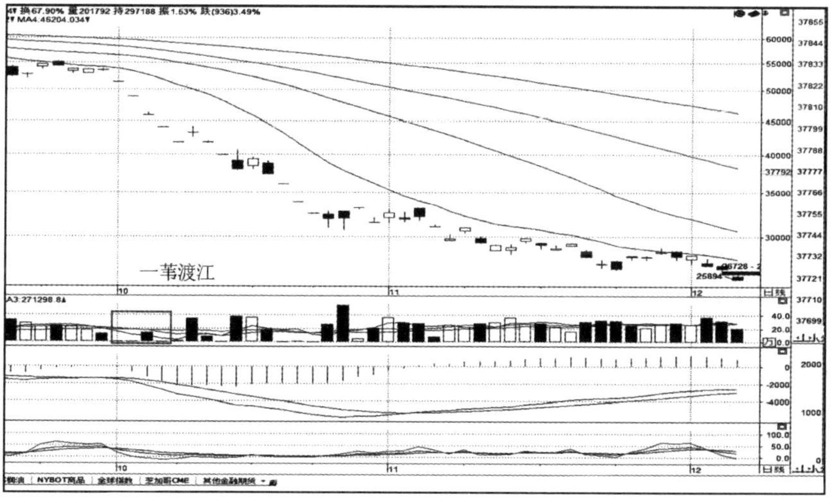

图 3-10　一苇渡江案例（2）

请大家分析一个实盘案例。如图 3-11 所示，行情走到这里，你觉得后期会涨还是会跌？运用上面讲到的量能规律，该图后期会怎么发展？

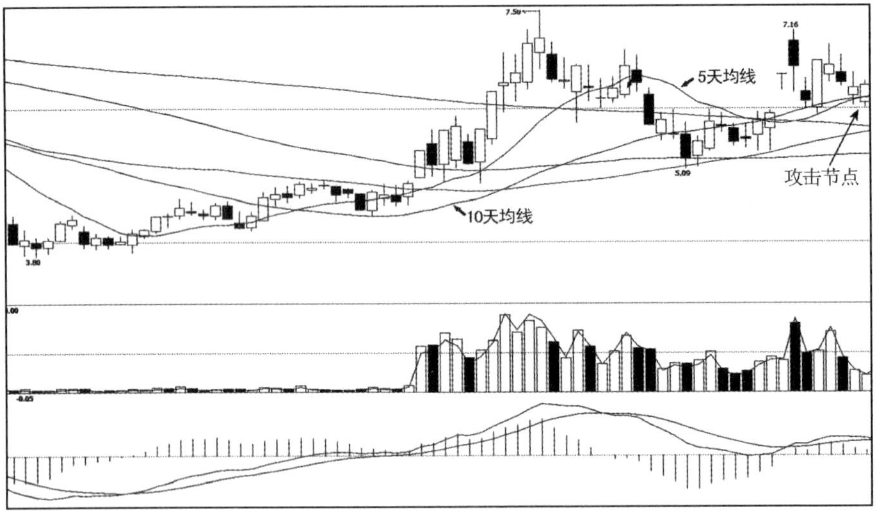

图 3-11　实盘案例（1）

如图 3-11 所示，图中最右侧的阳线处是一个攻击的节点，因为在此处 5、10 均线出现金叉，但成交量居然是缩小的，可见多方已经没有力气继续上攻了。就像你打敌人时没有力气，后面肯定会被他击倒。如果要让价格上涨，此处就应该放量，并且至少是前面阳线量的 1 倍，那么这个攻击的节点是真实的，价格就不会下跌了（见图 3-12）。

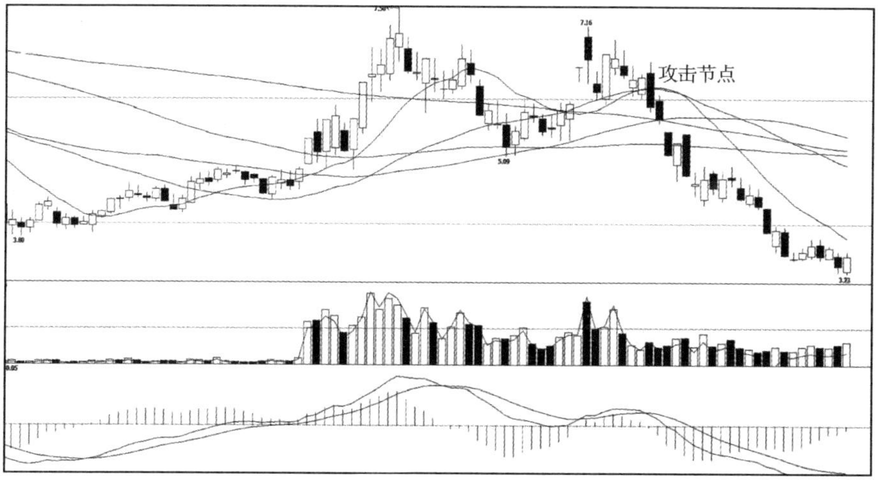

图 3-12 实盘案例（2）

我认为，善于总结的人才会进步。经历过的东西才是最宝贵的，平常要经常总结和翻看自己的交易记录。如果你经常会在某些地方几乎犯同样的错误，一定要及时总结这些错误，并在这些地方进行相反方向的操作，时间长了，你就有可能找到自己的独门武器。

线篇

我把线分成两类：一类是主图 K 线上的均线、布林线等；另一类是附图的指标，如 KDJ、MACD 等。经过多年发展，技术指标实在是种类繁多。其中，有些指标我也不认识，由于它们大都是依据价格变化派生出来的，所以我想其内在原理应当是相通的，在此就只讲解几个常见的指标。

主图指标的作用

第一类是主图上的指标，它们直接叠加于 K 线之上。也有高手喜欢裸 K，认为这样更清楚直观，或许是因为我尚未修炼到那个

“段数”的缘故，所以我体会不到裸 K 的妙处；也可能是因为天性比较怯弱，对自己的主观判断总需要一个东西来辅助着、托衬着，心里才能多一些底气，所以我觉得叠加于 K 线之上的指标还是有一定用处的。很明显，主图上最经常见的辅助指标就是移动平均线（以下简称“均线”），它属于典型的趋势性指标，顾名思义，出现趋势性行情的时候使用它最合适。

为什么我喜欢均线？因为它给了我一个可量化的交易标准，也就是说，让我的开仓和止损有了具体的依据。我不需要很复杂的均线设置，主要是受不了，有人过分迷恋均线，搞了七八条，整个盘面活脱脱就是一个“盘丝洞”，满眼都是阻力和支撑，极易让人迷失于其间。我认为用 4 条均线就足够了，即两个短期和两个稍微长期点的均线。均线的参数设置要依个人的喜好和实战经验来定，没必要统一。但是，建议短期均线的参数不要设置得过小，具体还要看行情的攻击力度：如果是很凌厉的行情，斜率非常陡峭，则考虑使用最短期的均线；如果走势比较和缓，则考虑使用周期较长些的那条短期均线，而最短期的均线仅用来预警。

为什么要使用长短 4 条均线呢？其实，原理就在于盈亏比。打个比方，价格过分远离了长期均线，那么当其突破短期均线的时候，大概率会往长期均线靠拢。此时，背靠短期均线交易，止损点就放设在短期均线所在的位置。那么，盈利的概率会几倍高于亏损的概率。

行情到来时，均线会经历从走平到上翘的过程，即从节点处开始上翘，而此时成交量也会随之放大。

附图指标的作用

再讲附图上的指标，主要是区分摆动性和趋势性这两类。在摆动性指标中，常见的是 KDJ，之所以叫摆动性指标，是因为它对价格变动的反应相对较为灵敏。在一个趋势行情中，可能价格本身只是横盘整理，但 KDJ 已经上蹿下跳了好几个回合。当然，你可以通过设置 KDJ 的值，让它的波动频率变慢，但一旦人为去改变它的灵敏度，那么和趋势指标还有什么区别呢？所以，保持它的灵敏度还是有用处的。

在趋势性指标中，常见的是 MACD。把它和 KDJ 相结合，就是寻求趋势性指标和摆动性指标两者间的相互验证，这倒是可以的。MACD 的波动频率相比 KDJ 而言要缓慢许多，不至于在 0 轴上下出现巨幅波动。MACD 的基本用法是——在 0 轴之上不应该有空单，在 0 轴之下不应该有多单。这虽然是一个比较宽泛的说法，但却能帮你“吃住”趋势。正所谓，宁愿要粗略的正确，而不要精确的错误。

有机运用多个指标

那么，两个指标应该如何结合呢？比如说，MACD 已经在 0 轴之下运行了一段时间，价格也下跌了一段时间，而此时 KDJ 在低位反复震荡，根本抬不起头来；如果某天价格向上突破了短期均线，KDJ 也随之向上突破，这个时候，意味着价格短线要反弹了。为什么只能说是反弹？因为 MACD 还在 0 轴之下。仓位过重且一直持仓不动的投资者，这个时候可以减仓落袋为安。等待价格触碰长期均线受阻，而 KDJ 又调头下行，两者互相验证看空信号的时候，再进场做空，前提是此时 MACD 仍然在 0 轴之下。

当然，以上所说都是小技，如果做不到灵活应用，不如抱残守缺，死守仓位。老子曰：“我有三宝，持而保之。一曰慈，二曰俭，三曰不敢为天下先。”以前不太懂这句话是什么意思，慈和俭还好理解，为什么不敢为天下先呢？交易多年以后我才顿悟，这句话的含义是，即使遇到再好的交易机会，也不要太兴奋，它不值得你不顾一切地全身心扑上去。

活学活用

画家董其昌曾说：“读万卷书，行万里路，胸中脱去尘浊，自然丘壑内营。”这句话的意思是只有多读书、多游历，才能将世俗的污浊之气排净，自然在心中就有了丘壑之形，一下笔就是一幅佳作了。对于交易者而言，虽然不至于每个市场都要去开户做交易，但是及时了解与其相关的品种如何发展，处于何种状态，却是为多一份胜算而做的必不可少的工作。

从大处看，利用股票、债券和期货这 3 个市场的相对关系，可以较为迅速地判断当前任一市场正处于何种状态。比如当股票市场到达高位时，公司债券、政府债券的收益率通常也较高；如果此时利率还没有上升，那么股市出现顶部的可能性就比较小。而通过观察领先板块的动向，则有助于识别行情所处的阶段。一般而言，期货市场往往是三大市场里走势最滞后的那一个。

从小处看，对单一品种进行技术分析时，也需要结合关联性品种的表现。比如交易铁矿石时，可同时参看澳元的表现；当螺纹钢涨停时，要马上看铁矿石、焦煤、焦炭会不会跟着涨。其实，这是变相把基本面的东西揉进了技术面中，因为交易是一门综合性的工作，并不需要把基本面和技术面的界限划分得那么清楚。

就拿股票和期货这两个市场来说，它们之间有比较密切的联系，比如原材料的现货价格大涨，你既可以去买原材料的股票，也可以利用期市来做对冲。做股票时也可以看看相关期货品种的表现，以便辅助自己判断相关股票的后市走势。例如，由于霜冻行情，期市中的白糖合约出现了牛市行情（见图3-9），而股市里的南宁糖业股价也随之走出了上涨行情（见图3-13）。

图 3-13　南宁糖业个股的走势图

当然，期货市场和股票市场也是有区别的，例如，在一段时间内，一只股票的股本是固定的。如果某只股票的股本有3000万股，它不可能一夜之间就变成7000万股（送配股的情况除外）。在这段时间内，买这只股票的资金越多，它就越值钱。只要有钱进去，这只股票的价格就会涨。该股票为什么会跌？只有一个原因：钱从这只股票中出来了。所以，行情在发展过程中没有量能配合时，一定是有资金从股票中流出了。

与股票市场相比，期货市场有限仓的问题。但更重要的一点是，在理论上，某只期货合约的仓位是可以无限放大的。期货市场中一手多永远对应着一手空，只要有 100 个人做多，就会有 100 个人做空，体现在仓位上就会有 100 手的持仓量。第二天该合约如果突然有 1 万个人做多，1 万个人做空，那么只要能撮合成交，持仓量就变成了 1 万手。所以，它的总持仓量是可以变化的，是可以往上增长的。从总股本或者持仓量能否变动的角度来讲，股票市场和期货市场有明显的区别，它们的本质差别就在这里。

股票市场和期货市场的差别还体现在周期级别方面。在股票市场中，由于采用 T+1 交割制度，你和庄家的周期级别是一样的，都是看日线；但期货市场采用了 T+0 交割制度，理论上庄家可以在一天之内就完成建仓、洗盘和拉升动作，第二天拉高跑掉就可以了。

再强调一下：期货市场有一个非常大的弊端，即不但品种少，而且历史也不够悠久，并且大部分图形的同质性太强了，很难碰到一些极端的例子；但是在股票市场里，值得研究的案例很多，并且每天都会有新的案例出来。所以，如果你想研究技术分析，要去分析案例的话，最好到股票市场中去寻找。

延伸阅读

资本市场是一个多空搏杀之地，其残酷性不亚于真实的战场。资本市场的这个特点，让很多人误认为男士更适合参与其中；但胡嘉佳女士的成功，则证明了资本市场成功者的多样性。

一般来说，男士的优势在于杀伐果断和勇敢坚毅，而女士的优点在于心思细腻和感觉敏锐。如果能充分发挥自身的优势，则无论男女都能在市场中立足。

资本市场包罗万象，如果从大处着眼，极其难以把握；如果从小处着手，纳须弥于芥子，或许可以另辟蹊径。本章的字里行间就透露出以小见大的思想。例如，均线的交叉点虽小，但本章认为其功能却比较强大，可以通过它来研判大势。本章认为均线的交叉点恰如人身体上的穴位，对其施加不同的力道会对大势产生不同的影响，最终会起到“牵一发而动全身”的作用。所以，在实际交易过程中，投资者可以先等均线相交，之后再观察交叉点处成交量的大小情况，进而推测市场可能的运动方向。与传统的金（死）叉说法相比，本章的观点更容易理解和在实际交易中运用。

胡女士凭借细腻的心思，通过一根主线——衍生与被衍生的关系，串起了量、价、线、形、位这五大要素，并由此构建出了自己的交易系统。这五大要素是有严格排列顺序的，绝不可颠倒——先有量，才有价，之后才衍生出线、形和位。

谁说女子不如男？

第四章

全球量化交易的发展趋势

言程序

在资本市场中，活着比什么都重要。

通过两个指数，即恐慌指数和“黑天鹅”指数，我们有了进一步衡量国外市场风险的手段。

宁走十步遥，不行一步险

核心观点

在证券市场里面求存比求胜更重要

2015—2017 年，我参加操盘手大会已有 3 个年头，这表示我和我的团队在市场中活下来了。私募界很现实，赚到钱就能生存，赚不到钱就会被淘汰。在过去的 3 年中，我和团队一直在进步，业务范围从国内的产品资管和公募基金专户，发展到香港的第 9 类牌照①。因为我们是量化团队，工作的重点就围绕“宁走十步遥，不行一步险”展开，因为活着比什么都重要。记得有人问我，在证券市场里面求胜和求存哪个更重要，经历了 2015 年的股灾后，相信人们会认为求存更重要。

对于私募基金来说，要想在市场中存活下去，就需要有自己的特色。有的私募基金是从交易手段（如主观交易和量化交易等）上精益求精；有的则是放宽自己的眼界，对标的物的选择不再仅局限于一个市场。其实，对于私募基金来说，如果眼光仅仅局限于国内市场，与放眼全球的同行相比，面临的风险会更大些。但是，一旦将全球市场纳入自己的视野，国外市场存在的风险就必须留意。如何衡量国外市场的风险呢？推荐两个指数：第一个指数是恐慌指数；

① 第 9 类牌照，即提供资产管理的牌照，包括以全权委托形式为客户管理证券或期货合约投资组合，以全权委托形式管理基金。只有获得了该类牌照，才能在香港发行基金，管理客户资金等，它相当于内地的私募基金牌照。

第二个指数是“黑天鹅”指数。这两个指数需要互相补充着使用。

恐慌指数又叫波动率指数（Volatility Index，VIX）。它由芝加哥期权交易所编制，是一个用来反映标准普尔500指数未来30天预期波动率的指标。因其能反映投资者的情绪，故又被称为“恐慌指数”。该指数以20作为分界线——20以下代表投资者情绪稳定；20以上代表投资者开始恐慌。一旦投资者出现恐慌时，该指数就会暴涨。不过，该指数是属于“马后炮”类型的指数，即当出现风险之后，它才会暴涨；没有风险，该指数就不会出现大的波动。所以，它需要配合“黑天鹅”指数来使用。该指数的具体情况见图4-1。

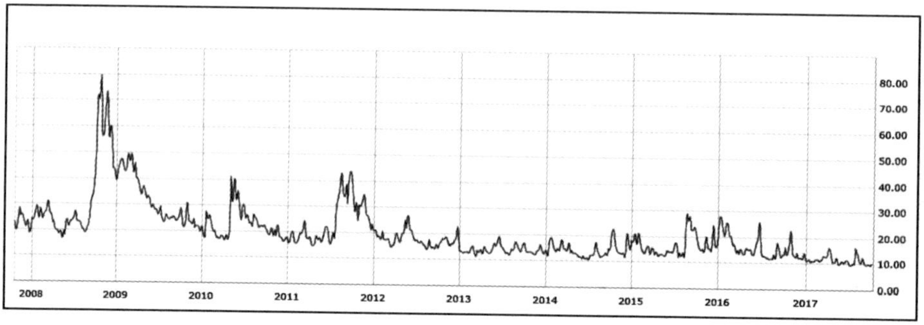

图4-1 芝加哥期权交易所的恐慌指数

“黑天鹅”指数又叫偏度（Skew）指数。该指数用来描述恐慌指数曲线的斜率，恐慌指数的曲线越陡峭，偏度指数的值就越大。与恐慌指数相比，偏度指数具有事前预警功能，所有才被称为“黑天鹅”指数。该指数以100为分界线，其值越大，发生“黑天鹅”事件的概率就会越大。一般来说，其值超过150就要引起注意。该指数的具体情况见图4-2。

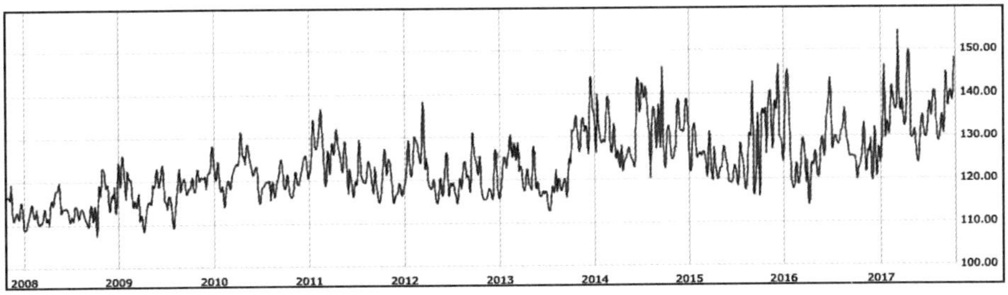

图 4-2 芝加哥期权交易所的“黑天鹅”指数

可以通过百度查询 CBOE-SKEW，它每天都会更新，表明对市场方向的选择权在卖方手中，即在指数上涨时有很多人在偷偷地放空期货和期权。

如果你弄懂了这两个指数的含义，可以把它写成程序，让其自动执行，就相当于给自己的账户增加了一双警惕的眼睛。

我的交易策略和方法

核心观点

绝对报酬投资策略、多重策略运用、动量加减码、智能交易

没有什么策略和方法是完美的，因为市场在改变，参与的人在改变，导致你的交易策略和方法也要跟着改变。我的交易策略和方法简介如下：

绝对报酬投资策略

阅读提示

投资区域、投资策略和投资工具

在做私募时，我们对行情不做预测，而是做对策。在私募基金的观念里面，或者对投资人来说，我们追求的是绝对报酬投资策略的发展，它涵盖 3 个方面：投资区域、投资策略和投资工具（见图 4-3）。

从投资区域来看，你一定要先在 A 股市场立足，只有在 A 股市场能够获利，才可以尝试去海外市场交易。去海外市场的顺序，可以先到大中华区，即中国香港、中国台湾和新加坡的证券市场中投资，然后是欧美国家，乃至全球。

从投资工具来看，先有做股票的基础再去做期货，再到衍生商品期货，最后是固定收益和债券。

投资策略的部分首先从阿尔法策略开始，我们做的是量化交易，利用对冲手段，尽量把风险降到最低。其次是贝塔策略，如果私募能够生存下来，有很大一部分原因是他们的眼光独到，或者是有自己独特的方法。再次，追求绝对报酬，无非就是希望在任何时间点，自己都能找到最有可能获利的市场，然后用最合适的工具去攫取市场提供的利润。最后，是指数 ETF，如果你想选出好的股票，最好去研究相关行业的指数 ETF。

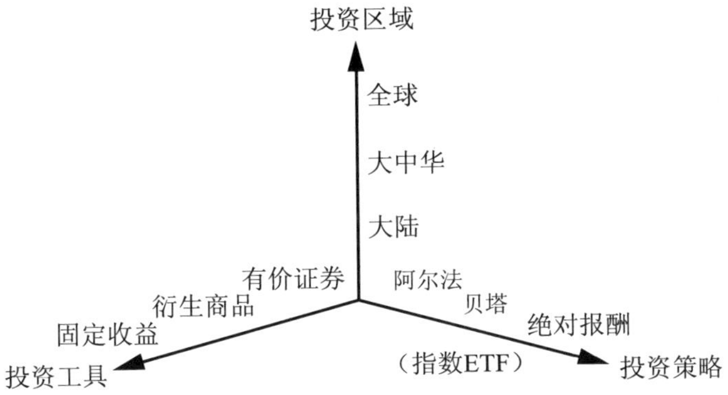

图 4-3　绝对报酬投资策略的发展

多重策略运用

阅读提示

CTA 顺势策略、跨品种择时对冲策略、股票做多策略（价值型投资）、期/现 & 阿尔法套利策略

众所周知，树懒的动作非常缓慢。它既没有攻击能力，也没有行动能力，为什么可以存活下来？因为它的代谢能力是所有物种中最低的。所以，找到适合自己的方法最重要。

做交易多年，我只看重一件事情，即当股灾出现的时候，有没有合适的工具，使得你不用贱卖股票，但一样能够存活下来？我觉得这个问题很重要，这就牵扯到多重策略的运用问题。我的多重策略的应用分为 4 块：第一个是 CTA 顺势策略，例如境内商品期货市场（螺纹钢、焦煤、焦炭等），境外的股指期货（中国台湾期指、德指等）；第二个是跨品种择时对冲策略，例如境内做多上证 50 vs 放空沪深 300，境外原油期货 vs 天然气期货套利；第三个是股票做多（价值型投资），例如境内买 A 股，境外通过深港通/沪港通买 A 股；第四个是期/现 & 阿尔法套利策略，例如境内 A 股 vs IF（IH 、IC）指数，境外沪深港 vs 新华富时中国 A50 指数。

这 4 个策略仅凭一个人是没有办法做到的，你可以交给 4 个人或团队去做，让他们根据自己的策略去判断市场是顺势、逆势，还是盘整，并由此去创造利润。同时，对于出乎意料的行情要进行风险控制，把未知的风险尽量排除掉。

动量加减码

阅读提示

波动大仓位小，波动小仓位大

平台突破跟进的策略是一个比较常见的策略，我们可以针对这样的策略做动量加减码操作，其核心思想是：波动大的时候，仓位要小；波动小的时候，仓位要大。这是我们量化后得出来的结论，在行情波动大的时候，你不要跟着行情把仓位放大，如果这样做的话，你只要做错一次，可能就会把之前所有的利润一笔亏掉。那么如何判断波动的大小问题呢？可以用过去一段时间波动的平均值来判断。具体情况见图 4-4。

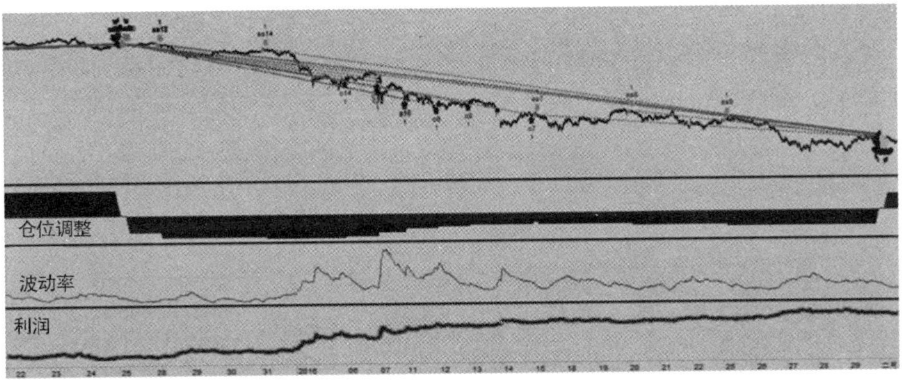

图 4-4　沪深 300 股指 3 分钟走势的动量加减码

智能（AI）交易

阅读提示

用计量方式选股

对于量化交易者来说，智能（以下简称 AI）交易要不要学习呢？我认为需要学习。因为 AI 以后一定会慢慢渗透到量化交易中。AI 对于我们来说，简单地讲就是处理回撤问题时，利用大数据，用快速的更新迭代方式，去找到最佳的结果。AI 虽然在某些方面功能强大，但不要把它神化，它只是投资策略的一部分。对于 AI 的使用，我们用计量方式来选股。就是在 3000 多家上市公司中，利用大数据找到价值低于价格的个股（见图 4-5）。我们花了很多时间去研究这个课题。

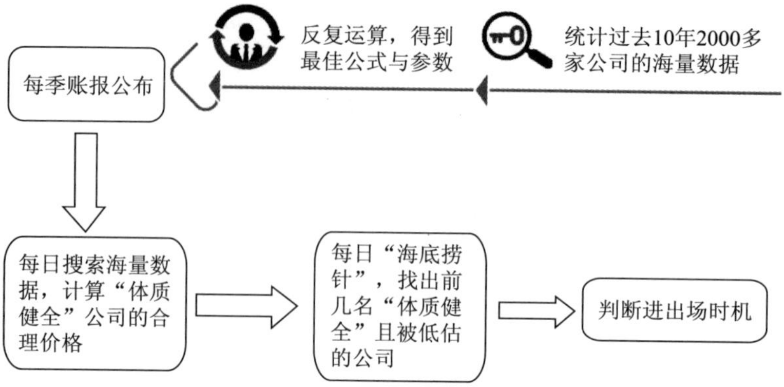
反复运算，得到
最佳公式与参数
统计过去10年2000多
家公司的海量数据
每季账报公布
每日搜索海量数据，计算“体质健全”公司的合理价格
每日“海底捞针”，找出前几名“体质健全”且被低估的公司
判断进出场时机

图 4-5　计量价值型投资

延伸阅读

目前，量化交易在国内逐渐兴起，但不能把它神话化。

本章中，量化交易可以利用恐慌指数和“黑天鹅”指数来预警风险，可以通过动量加减码手段来调整仓位，可以通过多重策略来实现稳定盈利，可以通过计量方式来挑选投资标的，有些功能确实非人力所能及。

能被量化的指标并非都是完善的。例如，本章简单介绍的恐慌指数虽被证明有一定的效果，但也有明显的缺陷——它被用来衡量市场波动率，但它却会低估市场的实际波动率，这岂不是有些自相矛盾？

第五章

迈向期市稳健盈利之路

付爱民

不知你是否留意过，在重大比赛过程中，当运动员在台上比赛时，下面的教练员喊得最多的是什么话呢？是不是喊加油呢？其实，不是喊加油，而是喊把动作做规范！

我曾把这个道理讲给了一位朋友，他领悟得比较好，使交易水平有了提高，差不多有三四年时间一直赚钱。

挫折就是财富

核心观点

投资过程中遭受的挫折和得到的教训，是一笔宝贵的财富

我觉得人生最大的财富，应该是我们过去的经历。据统计，在一般性行业里，从业者的青春期可能仅维持到三四十岁，之后从业者的职业生涯就开始走下坡路；而金融行业里从业者的情况却并非如此，随着年龄的增加、岁月的积淀，其青春期一直是走上坡路的，也就是从业时间越长，从业经验越多，从业者就越吃香。芒格曾说，他从来不见 40 岁以下的小伙子，为什么？因为这些人太年轻，人生的积淀还不够，有些东西无法交流，说的就是这个意思。所以，在我们的经历中，成功的经验是财富；但曾遭受的挫折和得到的教训，也是一笔宝贵的财富。

我当年曾做过一个比喻，假如把我们投入期货市场的钱看作是水的话，亏损了，这部分钱就相当于从水变成了冰，它就固化了，无法流动了；但是，这块冰是不会消亡的，总有一天它会重新融化成水，关键是我们怎样来转化它。为什么有人能赚钱？就是他们赚钱的经验越来越丰富，犯的错误越来越少，盈利的道路越来越平坦。这个“平坦”就是我所说的稳健。

如何让我们的盈利越来越稳健？就是我们要认真对待每一笔交易中所遭受的挫折，要去总结和思考。我们知道有很多投资者，亏了

钱都是强调自身之外的原因，比如运气不好，被某件事情耽误了时间，等等。他们总是找一些奇怪的理由来回避对自身存在问题的审视。如果每次亏损后都是这样做总结的话，那么这钱就算是白亏了。

在期货市场中，我之所以能幸存下来并且活得越来越好，就是因为犯错后永远不去找外因，而是从自身来找原因。只要亏钱了，肯定是有原因的，如果你能找出自身存在的问题来，就说明你进步了，你就会有收获。如果每次亏损后，你都能找到一处自身的缺点并努力改正它，长期坚持下去，你自身存在的问题会越来越少，进步会越来越大，交易之路就会越走越畅通。

2010 年之前，我完全利用技术面分析来做交易，因为在我的期市投资经历中，特别是在 20 世纪 90 年代的时候，利用基本面分析的人差不多都被市场淘汰了。为什么呢？因为当时的市场不按基本面规则出牌，那时候是资金为王、现金为王，谁有钱谁说话算数。市场可以把红小豆的价格打到 90 元，也可以拉到 1000 多元，完全不讲供求关系。2008 年之前，我接触过很多实业商人，他们做期货亏得很惨，因为他们太过于相信基本面的结论；但是当时的期货市场，有很多非理性的东西存在。那时经常出现逼仓现象，也出现过很多起恶性的逼仓事件。所以，能适应当时市场的是技术面分析，并且要求交易者的动作要快、准、狠。

2010 年以后，在有关部门的治理规范下，期货市场已经逐渐走向成熟。所以，现在的期货市场，我们完全可以用供求关系去指导交易，并且市场价格能真正反映供求关系，很少会出现以前那样的非理性波动。例如，如果螺纹钢的价格被直接拉到 4500 元以上，后市肯定会跌下来；如果橡胶敢跌到 9000 元以下，后市也肯定会拉上来。为什么？因为期货市场和现货市场已经相通了，它再出现这种非理性波动的概率已经越来越小了。

以前我曾在期货公司上班，当了10多年的研发所所长，对基本面和技术面的理论架构比较熟悉。所以，2010年以后我开始做调研，去各地考察。为了调研白糖的基本面，广西、云南我去了很多次；甚至国外的巴西、印度，我都去考察过。为了调研棉花，我也去了很多次新疆，而云南、泰国我也曾去考察过橡胶的供给情况。所以，这些年下来，在产业方面我已经进行了比较深入的研究。如果你问我属于什么派，是基本面派还是技术面派？我无法给出确切的答案。或许我是迷踪派吧，因为我习惯从发展过程中总结经验、完善自己。

在我眼中：基本面是用来分析整体格局的，是用来研判大势的；而技术面对于交易节奏把握得更好，这方面基本面相对就比较弱。当然，达到一定水平后，基本面和技术面都能赚大钱。

关于这一点，让我想到了《大空头》这部电影。从专业人士的角度看，第一位做空的Burry博士，应该属于基本面派，因为他不懂技术分析，导致他提前一年多卖空美国股市。虽然他确实看对了大势，但是中间的过程非常曲折——曾多次面临赎回的压力，面临着各种质疑，他自己都快顶不住了，因为账面浮亏太大了。

后来，2008年美国经济危机爆发，终于让他大赚了一笔。虽然他最后成功了，但从专业的角度来评价，他是一位好的分析师，却不是一位好的交易员，因为他的入场时点选择错了。这也能解释下面的问题：为何大部分人能看对行情，但最终赚钱的却不多。

尊重市场，学会“无我”；跟随市场，实现“无我”

核心观点

市场为大，我们为小

本节的内容主要是从哲学层面分析交易之道。在交易的时候，我们不要把自身看得太重，要遵从“市场为大，我们为小”的原则。以我自己为例，在期货市场中，我有过几次大的起落。

或许是因为运气比较好，我做期货一直就很顺利。刚做期货时，以短线为主，由于我短线的感觉非常好，就一直赚钱。但是在 1995 年，出现了我期货生涯中第一次比较大的亏损。当时我交易的品种是红小豆 9510 合约，之前该合约曾连续大跌，出现了很多跌停板。当看到它的跌幅逐步扩大时，我感觉可以找机会进场抄底博个反弹。当它出现了连续四五个跌停板后，我就从跌停板位置开始买进，买进后当天它就收出了涨停板。第二天开盘十几分钟后，它却再度跌停，由于此时我还是盈利的，就没平仓。结果后面连续 4 天跌停开盘，导致我的多单平不了仓，最后就被爆仓了。所以，当年做交易，对交易者的要求是反应必须要快，我之所以能在市场中存活下来，就是因为跑得快。所以，会跑才会赢，这就是我当年的感觉和经验。

2002 年，我开始转型——从短线转为中线。因为之前做短线时，我凭着自己的感觉和能力，做得很好，交易量也非常大。有一家期货公司，就请我去做交易。我是春节后过去的，到了端午节时，营业部给我庆功，说我已经赚了400%多。经过检查，我发现账户里根本没赚这么多钱，只赚了50%。结果营业部的工作人员说，是手续费增长了400%，从中可以看出当时我的短线交易成本有多么高。

突然我就反应过来，辛辛苦苦忙了半天，敢情赚的钱都变成手续费了。当时，期货交易的手续费很高，是现在的3倍以上。认识到这一点之后，我觉得再这样交易下去肯定是会出问题的。

痛定思痛，我觉得需要做出改变。为了进一步充实自己，我买了好多投资方面的书，静下心来仔细阅读，向成功者学习。那一年我看了应该不下几百本书，看完后我认识到自己的交易方法必须要改变，交易周期必须要拉长，就开始从短线交易转向中线交易。

转型说起来容易，做起来就难了。转型实质上是一个对自己以前的交易思维、交易手法的否定之否定的过程。当时，我的转型之路可以说走得非常不顺，那一年几乎把赚的钱全部亏回去了。很多人问我短线转中线应该怎么转，当时可能真说不出来，因为没有经历过；但是现在我能总结出来，因为在对交易之道的理解上我确实实现了一个大的跨越。

这两者的区别是：短线我凭的是自己的感觉、感性，当年做短线的频率是一天四五十个来回；而中线需要理性，要求交易者持仓，它是两种完全不同的风格。从短线转中线的过程中，对于某一笔交易，有时从感觉上认为应该平仓，但理性上却要求自己持仓，出现了很多矛盾，导致该斩仓时不斩仓，不该斩仓时却斩掉了，那个时候自己很苦恼，这就是转型之苦啊。

2003年，也就是转型后的第二年，我创造了自己交易史上的奇迹——抓住了橡胶的大行情，资金翻了70倍（浮盈）。当时，我觉得自己找到了赚钱的秘诀，觉得自己转型成功了，因为赚钱速度确实比以前快多了。以前持有一个月，我记得最多也就赚 1 倍左右，而 2003 年我能赚 70 倍，我觉得自己还是非常不错的。但是好景不长，后面发生的事情证明了我不仅赚钱的速度快，亏钱的速度更快。在没有止盈的情况下，橡胶开始连续出现跌停板，我在第一个跌停板位置平了一半的仓位，利润回吐的幅度很大，后来几天就把利润全亏回去了。所以，一波资金翻 70 倍的好行情，由于自己操作失误，后来全部亏回去了，一切又要从头来过了。

2005 年，我做得很顺利，资金翻了 50 倍。当时我已经做了 10 年期货，经过了多次的起落，我觉得自己在各方面（水平、理论、心态等）都有比较高的造诣了，就私下里给自己起了一个牛气哄哄的名字，叫“赢遍天下”，我当时自认为很牛了。

此后，看到了我在市场中的良好表现，一家实体企业就请我去做操盘手。该公司给的资金规模非常大，当时是给了 1 亿元。这本该是一次让我个人的能力和财富产生飞跃的大好机会，但我并没有把握好。有一次我亏损得很厉害，我当时做的是白糖合约，我到现在仍记得买进的时间，是 11 点十几分钟，但是买进后电脑就死机了，检查后发现是断网了。

一般来讲，期货公司的硬件都是非常好的，因为断网哪怕只有一秒钟都可以称得上是事故。当时是这家企业的整个办公大楼网络都断了。中午开始抢修，下午虽然网络修好了，但开盘时白糖已经跌停板了，中午收盘前断网的这 10 多分钟真是致命一击，因为我的仓位很重。之所以下重仓，是因为我的操盘手法很凶悍，在交易中我追求的是快、准、狠，一旦让我逮着了机会，都是重仓进去的，如果走势不符合预期，就立即砍仓。

我当时采用的是毛主席克敌制胜的策略，即集中优势兵力，各个歼灭敌人。哪怕整体上处于劣势，比如敌人 100 万人，我只有 10 万人；但在局部，要集中优势兵力，让自己的 10 万人对敌人的 1 万人，这样做就占有了局部优势。这个策略导致我一旦建仓，仓位就很重。当时恰恰是重仓碰到了意外情况，导致亏损严重。如果不是意外发生，以我的能力是不会大亏的。

俗话说，“吃一堑长一智”。从那以后，我就配置了笔记本电脑，主要是用来防止断电或断网等意外情况的发生，提前做好预防措施。

对稳健盈利的思考

核心观点

巴菲特的理念与利弗莫尔的启示

2005 年以后，我的操作整体上比较顺利，基本能做到稳健盈利。谈到稳健盈利，我觉得这就触及交易理念的问题了，任何交易风格和交易手法的形成，都可以找到参照物。下面分别谈谈巴菲特和利弗莫尔的理念和方法。

巴菲特的理念

阅读提示

敢于重仓持有能产生暴利的股票

很多人觉得稳健盈利就应该像巴菲特那样每年赚20%，或者更多，这才叫投资，才叫稳健盈利。但是，从基本面上看，好股票也并非一直上涨而不下跌。比如贵州茅台，虽然长期来看其股价始终在不断创新高，但是在某一阶段，其股价也曾出现过50%多的跌幅。并且当时贵州茅台的基本面也非常差。所以，稳健盈利需要时间来验证，在此期间，还需要个人的忍耐力来做支撑。

好多人说，学巴菲特一年赚20%就可以了。其实，偶然一次赚20%并不难做到，但是要每年都赚20%还真比较难做到。有朋友曾跟我说过，他不贪心，只要每天能赚1000元钱就可以了。我说他设定的这个目标是不可能完成的，哪怕一年能赚1个亿，每天都能赚1000元也是不可能的。为什么呢？其实这是一个概率问题，长期来看，没有人能做到天天赚钱的。其实，1965年至今，在此期间巴菲特也不是每年都能赚20%，有的年份赚了不到1%，而有的年份还是亏损的。

就我自己来讲，我的年化收益率为28%，但并不代表我每年都能赚28%。很多资料宣传我每年都赚28%，其实这是错误的。

从持股种类来看，巴菲特主要持有12只股票，如华尔街邮报、可口可乐等，正是这些股票给他带来了巨额的利润。敢于重仓持有能产生暴利的股票，这才是他成功的诀窍。

利弗莫尔的启示

阅读提示

看对也要讲究节奏

利弗莫尔也是我佩服的交易高手之一，我当年很多的交易手法，都是从涉及他的《股票大作手回忆录》中获得的灵感，他的书我百看不厌，看了很多遍，每看一遍就多一分理解，看的次数越多我的收获也就越多。

利弗莫尔曾经 4 次破产，最后在 60 多岁自杀。鉴于此，当年每次从期货市场中赚了钱，我都会拿出一部分盈利来投资普洱茶、字画，甚至买了很多固定资产。我还给自己立下了一个规定——到了 50 岁以后就不做交易了，远离利弗莫尔自杀的悲惨结局。随着我对交易之道的理解，后来终于发觉，自己当时有点过于杞人忧天了。

在他的几次大的实战案例中，我最受启发的是伯利恒钢铁之战。利弗莫尔在这次交易中使用的方法和策略，让我学到了很多，我在很多交易中使用的关键手法，也都来源于此。

如果把账户比作弹药库，资金比作子弹的话，在正式介绍这次战役之前，请先思考一个问题：在交易中，当你只有一发子弹的时候，应该怎样去交易？

利弗莫尔在第三次破产后就没有交易的本金了，对于一位交易者来说，没本金是没办法交易的，也就没办法通过交易再次崛起。不得已，他只好去借钱，由于当时穷困潦倒，已经很难借到钱了。当终于借到一笔购买 500 股的资金时，他不敢随便用，因为这笔钱无论如何都是不能亏的，好不容易才得到这么一个机会，并且就只有一次机会，他只能成功，不能失败。

当时伯利恒钢铁的股价在50美元附近波动。虽然看好它的后市，但利弗莫尔并不敢买，因为股价还有可能继续震荡，而不是上涨。而且当时美国股市的杠杆比我们现在高得多，风险很大，他必须确保买进去股价就能立即上涨，否则，就有可能失去这笔宝贵的本金。因为他并不是每次操作都能获利的，他也经常失败。

虽然感觉伯利恒钢铁的价格还能上涨，但利弗莫尔也重视对交易节奏的把握。当伯利恒钢铁的价格横盘震荡时，他就一直看着，每天看，耐心等待买进时机的到来。因为他有一个破百的理论，即股价在百元及其倍数的整数关处，只要向上突破了这个关口，它就一定会继续往上涨。

耐心等了一个多月，当伯利恒的价格接近100美元时，他立即买进，两天之内，赚了近50%，他终于赚到了未来交易的本钱。这是他重新崛起的第一枪，怀揣唯一的一颗子弹，耐心等待了一个多月，但实际的“狩猎”时间就只用了两天并且一击而中——98美元买进，145美元卖出，只抓取确定性最强的那一段上涨行情。

从那以后，就有了他1929年的辉煌，当时美国爆发了经济危机，他稳稳地抓住了这次机会，通过做空股市赚了1亿美元。

从理论上讲，以现在价值投资的眼光来看，50美元的伯利恒钢铁更有投资价值，利弗莫尔应该在此价位买进伯利恒，而不是等股价差不多翻了一番后才进场。但是，当时的他之所以不进行价值投资，是因为价值投资需要时间，而当时的资金状况并不允许他这样做，因为价格的震荡幅度稍微大些，就可能让他一无所获。

看对也要讲究节奏，这是我从利弗莫尔的这次交易中得出的结论，它也顺理成章地成了我的一个交易理念。

万分之三定律

核心观点

只有万分之三的人既能看对又能做对行情，最终还能赚到钱

索罗斯曾经介绍过一个万分之三定律，即 1 万个做期货的人里面，有 1000 个人能看对行情，也就是整体上有十分之一的人能看对行情；但是在这 1000 个看对行情的人中，只有 100 个人能做对行情，也就是总体上只有百分之一的人既能看对又能做对行情；在这 100 个看对行情又做对行情的人中，最后能赚到钱的是多少人呢？只有 3 个，也就是总体上只有万分之三的人既能看对又能做对行情，最终还能赚到钱。概括一下，1 万个人里面有 1000 个人看对行情，而 1000 个人里面只有 100 个人做对行情，但在这 100 个做对行情的人里面仅有 3 个人最终能赚到钱，也就是说，最终的盈利概率只有区区的万分之三！这是多么残酷的一个结果。这个定律我一直记在心里，每次讲课我都会说，目的是提醒大家，牢记期货市场的残酷性。

所以，期货行业之难就难在这里，盈利率实在是太低了。很多人的交易水平，只停留在前两个阶段，看对了行情就觉得自己很牛了，或者做对了行情也觉得自己很牛了。其实做对了、看对了，也仅仅是万里长征的第一步，能不能耐心持仓，能不能顺风使船把钱

赚足，才是最重要的事。因为机会只有一次，一旦错过了，就不知道何时会再遇到。

同样的大行情，有的人能赚 1 亿元，有的人赚了 100 万元，还有的人只赚了 2000 元。虽然说起来该行情都参与了，但是有人能持有到最后，有人却半途走掉了，甚至还有人在趋势运行期间把方向做反了。所以，期货是一个非常难生存的行业，是一个剩者为王的行业，剩下来的都是风险控制做得好的人。

我记得 2005 年几个学生请我吃饭，聊到了盈利的话题。一个学生说他利润翻了 5 倍，另一个说他翻了 6 倍，还有一个说已经开了基金公司。我心想都开基金公司了，这让其他盈利少的人还怎么好意思说话，会让盈利少的人觉得自己做得太差了。其实，赚钱多少并不完全代表交易水平的高低，有句话说得好，“退潮时才知道谁在裸泳”。所以，成功不是看你的高点在何处，而是看高峰后的回撤你能控制在哪个阶段。我相信每一个人都有赚钱的经历，如果你只有亏钱经历的话，那也绝对是一笔财富，我会花重金请你，但跟你反着操作。但是，只要你对一次我可能就爆仓了。

2005 年，期货市场有很多财富传奇，但大部分人或许只听说过棉花传奇。其实，当年期铜的行情让也好多人实现了从无到有的财富大跨越，从几十万元、几千万元到亿元的财富升华就在那年产生了。

对于期铜的走势，当时让我记忆最深刻的是，由于刘其兵个人的做空行为，导致国储局亏损严重；而现在很多行业内的大佬，他们的第一桶金就是在这次事件中赚到的。我对那时候的行情为什么如此关注呢？因为我转了长线后，开始对大行情关注。我当时总结了一个口诀叫“看大势赚大钱，看小势赚小钱，不看势不赚钱”。所以，2005 年只要你参与了期铜的行情，并且方向做对了，盈利几十倍，甚至上百倍都是有可能的。2007 年，在豆油期货的大行情中，也产生了这样的财富效应，武汉的一位退休教师，4 万多元本金起步，浮盈最高时达到了 1000 多万元，操作手法同样是始终做多。

所以，在你看对行情时要尽量多赚。当然，在你看错行情时也要尽量少亏。

2010 年以后，在深刻领悟了“快”“慢”这两个字后，我的交易思路发生了非常大的变化——要求自己心里安静，不要着急，因为慢就是快。在我眼中，期货行业比任何行业都要好，那么它好在哪里呢？并不是因为我做期货和喜欢期货，就觉得它好；而是因为它是一个不缺机会的行业。正因为如此，做期货一定要有耐心，不要着急。有人怕，主要是怕机会错过了，担心钱赚少了，从而不顾当时的大势，听凭感性控制自己，一再追逐价格的小波动。其实，你越怕错过交易机会，钱就亏得越快，一定要把心静下来。例如，2010 年的棉花行情，林广茂用 600 万元赚了 20 亿，创造了行业的传奇。对于棉花的这一波行情，仅从技术分析的角度看，操作手法其实很简单，就是闭着眼睛买，只要这是确定性行情。

所以我跟别人说，期货行业不要光看机会在何处，你也得看看周围是不是还有陷阱。相信一切皆有可能，为了抓住自己眼中的机会，入场之前就需要尽可能把所有的风险因素都考虑到，预防措施也要一一安排好。当我们把风险因素都考虑好后，也就把意外发生的概率降低了。如果实在降低不了意外发生的概率，最好就降低自己的持仓量，让最终的风险和收益达到一个合理的比例。

做交易要规范

核心观点

严格执行既定规则

做交易一定要规范。在期货市场中，我们不应该只想着在某次交易中能不能赚钱，能赚多少钱；而是考虑当时自己的交易是否合乎规范，是否遵守了既定的规则。比如打靶，有经验的人不会去考虑中不中靶，他们仅仅需要把射击流程做到位，把三点一线对准了，这时子弹肯定能上靶。而一般人是怎么做的呢？满怀中靶的希望，但是三点一线的瞄准动作并不规范，甚至根本做不到，最终的结果就可想而知了。

以前，我曾把类似道理讲给了一位朋友，他领悟得比较好，交易水平自此有了提高，差不多有三四年时间一直在赚钱。我当时举了一个例子，我说 2008 年奥运会，他可以看看在比赛过程中，当运动员在台上比赛时，下面的教练员喊得最多的是什么话？是不是喊加油呢？其实，不是喊加油，而是喊把动作做规范！平时怎么练就怎么做。同样，我们做交易也应该是这样，把动作做规范，而不要光想着这笔单子赚不赚钱。

那么，怎样做交易才算规范呢？就是严格执行既定规则。做交易最怕受价格波动的诱惑而临时改变主意，一切交易行为都要基于你的规则，这才是首要问题。对于我来说，执行规则永远是对的，不执行规则就是错的；执行规则就算亏钱也是对的，不执行规则就算赚钱也是错的。执行规则时，如果因该笔交易导致资金账户出现亏损（比如止损），但由于规避了未知的、不可控的风险，这种行为仍然值得鼓励；如果不执行规则，方向做反了还死扛，虽然最终赚了钱，但这种行为在日后的交易过程中应该坚决杜绝。

寿星

核心观点

期货行业关键是看谁活得时间长

复利被誉为世界第八大奇迹，它支撑起了巴菲特的财富王国。复利最大的特点，就是后期收益呈指数化增长。巴菲特的财产变化就证明了这一点：50 岁以前，他算有钱人；60 岁后，他成了世界顶级富豪。复利需要时间来见证，你得在期货市场中尽可能活得长久，才能充分享受到复利带来的好处。也就是说，在交易水平相当的情况下，期货行业最终比的是谁的寿命长。比如巴菲特，他的寿命每多一年，可能盈利就会多出几十或上百亿元了。

2010 年，我参与成立了中国投资家俱乐部，因为那一年我拿了某个大赛的冠军，所以就以我的名义请了 4 位交易高手及其他人员，在上海的九间堂会所交流经验。大家挤在一张大桌子上，说话时都要用到话筒。当时我让每一个人都发言，之后我做了一个总结，我说今天的会议不是庆功会，而是个忆苦思甜大会。为什么呢？因为大家发言时，都说自己的苦难史，曾经亏了多少钱。我说我们今天在座的这么多人，未来 3 年，在期货市场还能剩下一半或者三分之二的人，就算不错了；但事实上生存下来的人数比我预计的要少得多。

期货市场中的首要任务是要存活下来，因为这是一个剩者为王的行业。

知行合一

核心观点

买卖要瞬间做出决定，这是执行力的问题

对于我来说，在交易过程中，是买进还是卖出要瞬间做出决定，这其实就是执行力的问题，也叫知行合一。由于计算机技术的飞速发展，我开始把人工智能加入交易计划中，也就是开始使用程序化交易。现在，我们的很多交易做好计划后，不是由人来执行，而是由电脑来执行。与电脑相比，人永远是有感情的，有开心和不开心的时候，这就导致人在整个执行层面无法完全做到知行合一。普通投资者需要经过很多年训练，才有可能做到部分知行合一。但是，电脑天生是知行合一的，你叫它干什么，它绝对执行到位。鉴于此，可以考虑人机结合的问题，以便发挥各自的特长。

谈到知行合一，就不得不说一下交易计划。别人曾经问过我很多问题，其中比较经典的一个就是，他已经入场做了某笔单子，问我接下来应该怎么办。我就告诉他，不用问别人怎么办，如果在做交易之前就做好了计划，只需要按照预定计划行事就可以了。事实上，大部分亏损的交易者都是凭感觉做交易，没有交易计划的，一旦套住了就去问别人应该怎么办，让别人帮他想办法。

其实，我们在做交易之前，就应该考虑好这笔交易赚了应该怎么办，亏了应该怎么办，总之在下单之前就要做好计划。入场以后才去考虑上述问题的交易者，那是“败兵”。《孙子兵法》指出：败兵是先战而后求胜；而赢家是先胜而后求战。《孙子兵法》是中国思维，但西方也有类似的看法。在西方，有一本著作被誉为西方近代军事理论的经典之作，它就是由德国人克劳塞维茨撰写的《战争论》，书中的核心观点之一是，当两军相交的一瞬间，其实胜负已分。这个观点应该怎样理解呢？在两军交战之前，双方大部分的时间都是在做准备，为了这场战争双方可能要提前准备两个月，甚至半年的时间；但是一旦战争真正打起来，反而几天时间就能结束。谁准备得更充分，谁就是最终的赢家。

先胜而后求战的道理，主要适用于大兵团作战。如果是两个愣头青打架，事先就很难知道谁赢谁输了；但是真正的大规模作战，胜利一定属于有准备的人。

暴利

核心观点

市场永远会有暴利

我觉得期货市场永远会有暴利，并且这种机会还很多，关键是你有没有能力抓住。我当年获取暴利的方法是单品种重仓和浮盈加仓，该方法很简单，但它仅仅适合在某些特殊的阶段使用。

在本金少并且是闲钱的情况下，倒是可以借鉴一下重仓和浮盈加仓的方法。如果是大资金投资的话，肯定就不能这样操作了，分散持仓才是首选。在分散持仓理念的指引下，现在我同时持仓 30 个品种，如果全凭自己的大脑是无法这样操作的，但是前文提到我开始采用程序化交易，就是把我的交易思维都编写到程序里面去了，亦即我主观思维的程序化。一般来说，每当有新的灵感产生时，我就会临时编写一个程序，然后通过实战来验证它。

期货市场从来不缺机会，基本每年都会提供获取暴利的机会。具体情况如下：

如图 5-1 所示，2005 年 2 月至 2006 年 5 月，沪铜指数从 30000 点涨至近 85000 点，涨幅高达 180%多。

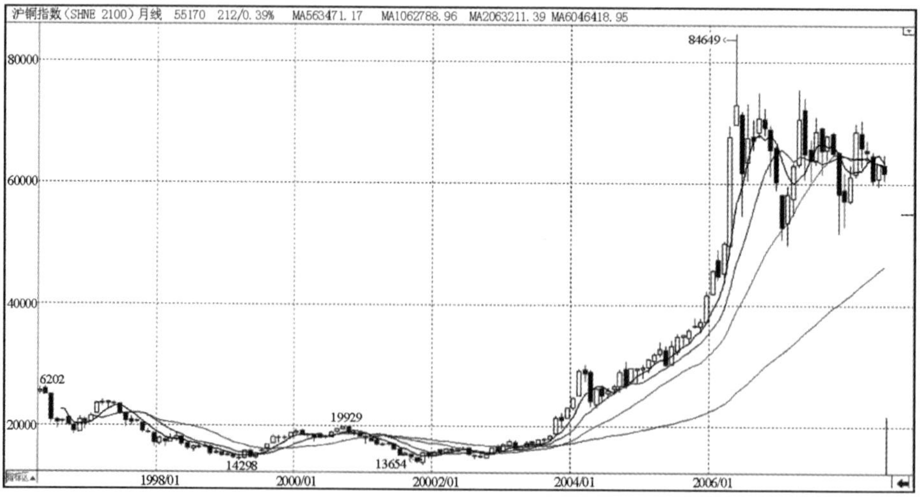

图 5-1　1997—2006 年沪铜指数走势图

如图 5-2 所示，2006 年 7 月至 2008 年 3 月，豆油指数从 5200 点涨至 14700 点，涨幅近 183%！

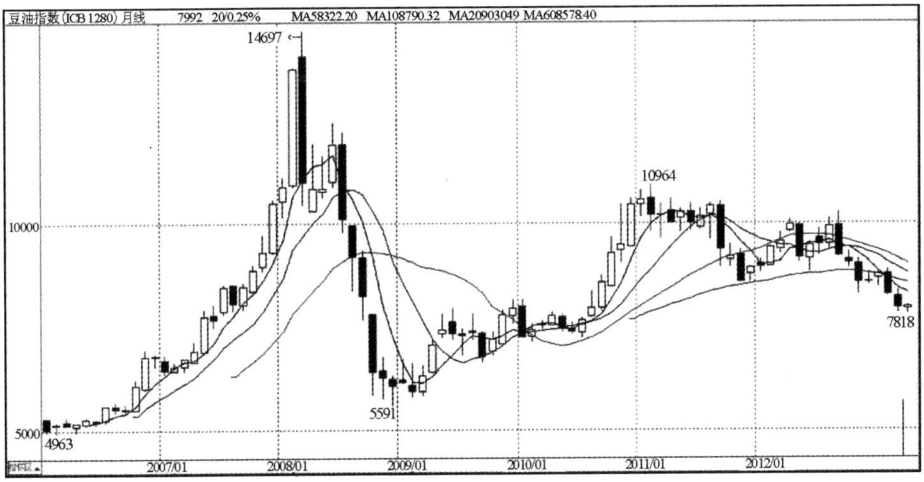

图 5-2　2006—2012 年豆油指数走势图

如图 5-3 所示，2008 年 7 月至 2009 年 2 月，美原油指数从 148 点跌至 40 点，跌幅约为 73%！

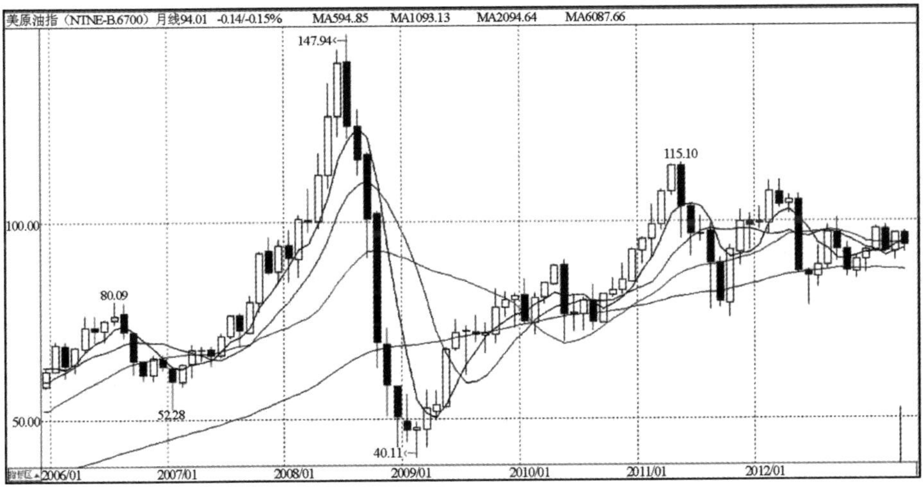

图 5-3　2006—2012 年美原油指数走势图

如图 5-4 所示，2009 年 1 月至 2010 年 11 月，郑棉指数从 12000 点涨至 34000 点，涨幅高于 183%！

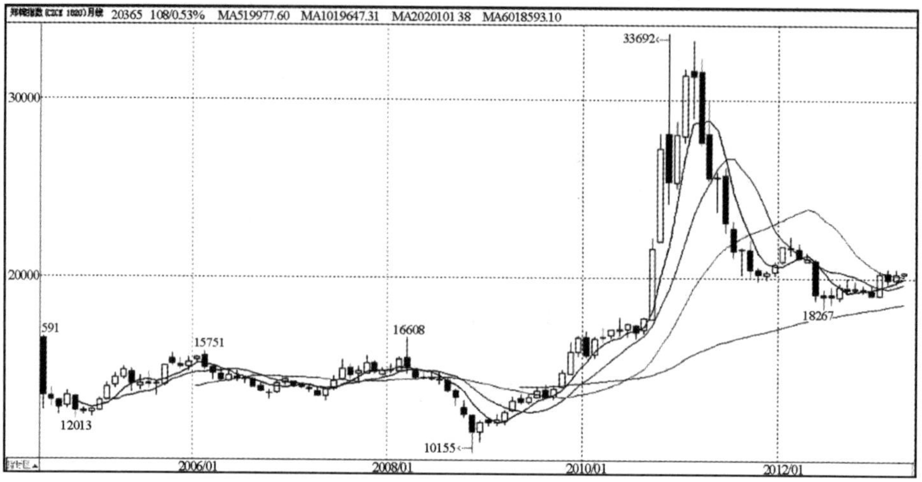

图 5-4　2005—2012 年郑棉指数走势图

如图 5-5 所示，2011 年 2 月至 2012 年 9 月，螺纹指数从 5200 点跌至 3200 点，跌幅为 40%，而现货价格亦创出 10 年来的新低点！

图 5-5　2009—2012 年螺纹指数走势图

如图 5-6 所示，2013 年 10 月至 2014 年 11 月，铁矿石从 973 点跌到了 512 点，跌幅为 47%。

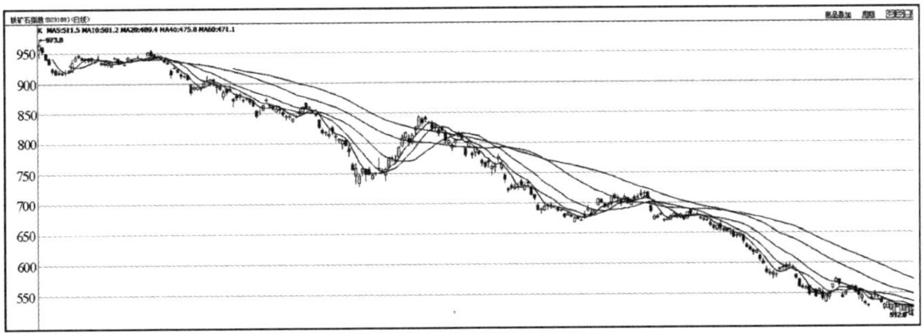

图 5-6　2013—2014 年铁矿石走势图

如图 5-7 所示，2014 年初至 2015 年末，沥青指数从 4564 点跌到了 1624 点，跌幅近 65%。

图 5-7　2014—2016 年沥青指数走势图

如图 5-8 所示，2015 年 12 月至 2016 年 4 月，螺纹指数从 1616

点涨到 2782 点，涨幅为 72%。

图 5-8　2015—2016 年螺纹指数走势图

如图 5-9 所示，2016 年 12 月至 2017 年 9 月，沪铝指数从 12535 点涨到了 17285 点，涨幅近 38%。

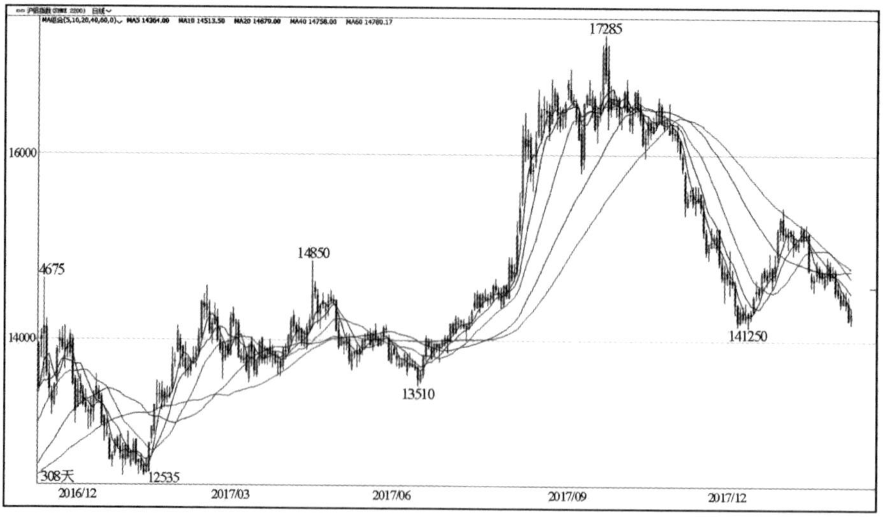

图 5-9　2016—2017 年沪铝指数走势图

如图 5-10 所示，2018 年 2—8 月，苹果指数从 6309 点涨到了 11663 点，涨幅近 85%。

图 5-10　2017—2018 年苹果指数走势图

交易技巧及实战案例

核心观点

1-2-3 准则

3 根移动平均线的用法

下面讲解一下我的两个常用交易技巧及实战案例。其实，我的常用交易技巧也都是很普通的技巧，易学易懂，没有什么秘籍之类的东西。

1-2-3 准则

阅读提示

判断趋势转折

1-2-3 准则主要用来判断原趋势是否已经发生转变，该准则的具体内容如下：

1. 趋势线必须被突破——价格必须穿越绘制的趋势线；

2. 下降趋势不再创新低（或上升趋势不再创新高）；

3. 在下降趋势中，价格向上穿越先前的短期反弹高点（或在上升趋势中，价格向下穿越先前的短期回调低点）。

如图 5-11 所示，①点跳空向上突破了下降趋势线；②点没有创新低；③点向上突破前期反弹高点。白糖合约的走势符合 1-2-3 准则的要求，说明其下跌走势已经结束。于是我进场做多白糖。

图 5-11　2008 年底至 2009 年初白糖指数走势图

注：用白糖指数代替具体合约。

3 根移动平均线的用法

阅读提示

33 日均线定方向，4 日、9 日均线定交易时机

移动平均线的使用技巧很多，此处我仅提供一种自己常用的，其具体内容如下：

1. 通过 33 日均线的走势定趋势的方向。具体来说，就是根据价格与 33 日均线的相对位置来决定是做多还是做空。33 日均线之上只考虑做多；33 日均线之下只考虑做空。

2. 通过 4 日与 9 日均线的交叉来确定交易时机：金叉买进，死叉卖出。

卖空案例

如图 5–12 所示，2011 年 9 月 6 日，沪铜 1312 的价格位于 33 日均线之下，可以考虑卖空；4 日均线与 9 日均线已经形成死叉，卖空时机到来，立即卖出开仓。9 月 29 日、30 日（国庆节前）买入平仓，当然也可以在 4 日均线与 9 日均线出现金叉时买入平仓。

做多案例

如图 5–13 所示，2012 年 12 月 5 日，股指期货的 4 日均线上穿 9 日均线，形成金叉。但直到 12 月 7 日，价格才站在 33 日均线纸上，说明上升趋势很有可能已经形成，于是在 12 月 10 日买入开仓。2013 年 2 月 19 日，4 日均线下穿 9 日均线，形成死叉，于是卖出平仓。

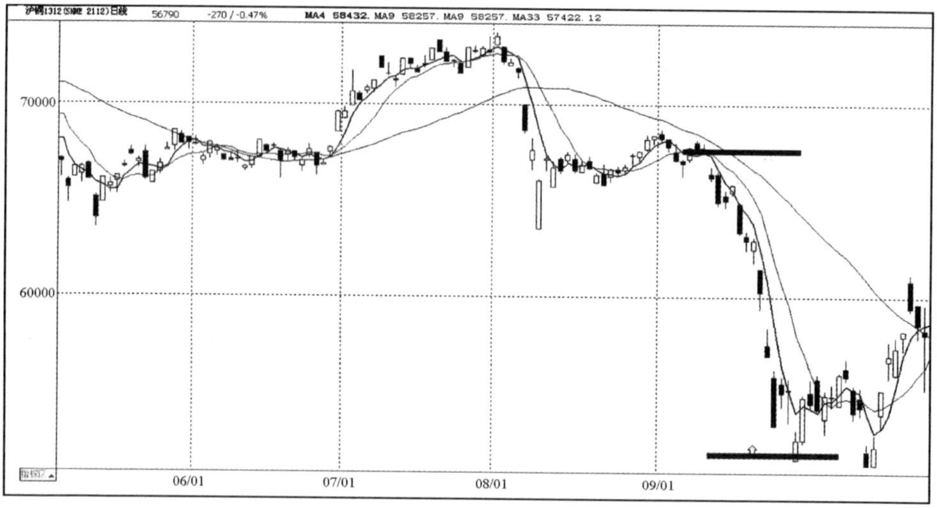

图 5-12　2011 年 9 月沪铜 1312 的卖空操作

图 5-13　2012 年 12 月股指期货的做多操作

延伸阅读

该篇文章揭示了许多投资者对股神巴菲特投资业绩的误解，主要是关于其年化收益率的问题。一般人认为，巴菲特能取得目前的成就，肯定是每年都赚钱了，稳健盈利就应该像巴菲特那样每年赚20%才行。但实际情况却并非如此，有的年份巴菲特也亏了钱。所以，对于长期投资来说，并没有完美的结局，故我们不应该苛求自己，让自己背负长期中每年都赚钱的压力，因为这是不可能完成的任务。

移动平均线是一个常用的技术指标，对它相信大家基本都耳熟能详，也有非常多的文章来介绍它的使用技巧，最常见的恐怕就是“葛兰碧八大法则”了。但是，该法则有些笼统和抽象，在实践中并不容易运用。本章化繁为简，在使用方法上提供了一个很好的思路，即用一根中期的均线来指示趋势，也就是说，该线指出了目前价格可能仍会继续涨或者继续跌，投资者据此需要做好买进或者卖出的准备。交易方向现在有了，何时买进或卖出呢？显然这根中期均线无法给出确切的答案，于是本章利用两根短期均线的交叉情况来选择买卖时机：金叉买进，死叉卖出。

该方法在一张图上同时给出了买卖方向指示和买卖时机指示，信号明确，基本没有模棱两可的地方，并且看上去一目了然，让人感觉比较简单实用。相信经过个人的改造后，投资者完全可以把它作为自己的交易系统来使用。

第六章

技术性交易的上层标准

侯延军

盈亏同源。盈利和亏损是相伴而生的，收益高且风险小的这种好事是不存在的。

我根据木桶的长短板理论制定了自己的投资策略，这是一种盈利非常稳健且回撤幅度较小的策略。

操盘手

核心观点

典型意义上的操盘手比较强调进攻能力

进阶型操盘手比较强调攻防有序

一般认为，操盘手就是为别人炒股的人，主要是为大资金的保值增值提供服务。我认为这个定义不太准确，比如下面的3位名人，利弗莫尔、巴菲特和西蒙斯，他们是不是操盘手呢？

比较而言，我觉得利弗莫尔是一位比较典型的操盘手。我认为，操盘手与生俱来的是具备一种进攻（获取暴利）能力。比如付爱民老师，他有很强的能力，把一点小资金翻倍，或者翻几十倍很容易。这就说明操盘手最起码要具备这样的能力，才能够被命名为操盘手。如果连赚取暴利的能力都没有的话，我们就没办法做好资产的保值增值工作，所以，对操盘手来说，盈利能力是生存的根基。

关于巴菲特和西蒙斯两位大师，我觉得他们不是典型意义上的操盘手，或者说应该把他们叫作进阶版本的操盘手，为什么这么说呢？我认为，进阶型的操盘手并不仅仅强调进攻，也强调防守（控制回撤），即更强调攻防有序。

对一位操盘手来讲，其进攻能力肯定是排在第一位的。如果你想进化成一位基金经理，进化为一位投资大师，就要对自己提出更高的要求，即做到攻防有序，这才是投资大师的立命之本。

操盘手本身是需要进阶的，就以我个人的经历来说，我也是从一个极度追求收益率的，动不动就能把本金做翻几倍、十几倍、几十倍的人，逐步转变为了一个强调攻防有序的基金管理者。下面就以我们公司——厚石天成为例，和跟大家分享一下，我如何从一名操盘手，一点一点进化到了目前的状态。

我的进化

核心观点

从追求暴利到追求业绩稳定

2014 年，我只身一人带着一台笔记本去深圳创业，成立了厚石天成公司。刚到深圳的时候，我真的是一个人也不认识，用了 3 年多的时间，发展到现在还算小有成就，目前公司管理资金接近 10 亿元。

我毕业于乌克兰基辅工学院，在参加工作之前就接触了股票市场。在创业前，我曾在哈尔滨电视台工作，当了 10 多年的记者和制片人。2008 年，我从单位辞职，原因为：一是我热爱交易，有 20 多年股票、期货的交易经验，经受过多轮牛、熊市的考验，觉得自己还有这点手艺，估计饿不死；二是环顾四周，发现这 20 多年来，好像周围的人就我赚钱了，心想原来自己还有这个本事，那我就辞职吧。

刚辞职时，我以为从此可以海阔天空，追求更大的一片蓝海了，但现实却远不如我想象中那样美好。2008—2014 年，六七年的时间，我遭受了太多的挫折，发现了自己太多的不足和能力上太多的欠缺，也就是说，我太高估自己了。没办法，只能一步一步地去推倒重来。

开始创业之前，我的主攻方向是激进型的操盘手。当时，我自认为也是博览群书了，基本上与投资有关的各种类型的书，我都仔细读过。从大学毕业一直到辞职之前，这些书我也都看了多遍；辞职之后，我就开始研究各种各样的交易技巧，常见的交易方法也都用过。

根据我多年的经验，如果对技术面分析的流派进行分类的话，我认为大体可以分为以下几类：指标派、切线派、形态派、K 线派和波浪派，尤其是近几年的量化交易兴起之后，又有了数据派。我曾经自问，我属于哪个派别呢？创业前，我想追求高收益，因为作为一名操盘手，你想吸引别人投资，就必须要有比较强的赚钱能力。所以，当时的我应该属于指标派、切线派和形态派。对于指标，我主要使用 RSI、KD 和 MACD 来研判行情；对于切线，我主要利用划线穿越方式，来寻找买卖点；对于形态，我主要利用 K 线的常见形态来分析价格的运行轨迹。

因为要追求短期的暴利，我就采取了比较极端些的手段，就是单品种、单边重仓操作。对于这种手段，我觉得并没有什么不好。如果你使用自有资金，无论是一部分还是全部，在你充分了解自己的风格特点并能够承受相应损失的情况下，采用这种方法并没有什么大问题。需要提醒的是，这种手段的优缺点非常明显，虽然容易获得暴利，但是持续性并不强。对于我来说，采用这种方式操作时，是有止损观念的。从开始做操盘手的时候，我就非常坚定地执行止损计划。因为我始终牢记这样一句话：止损永远是对的，即使是错的也是对的。由于止损执行得很坚决，从 2014 年我的交易模式定型之后，公开展示的账户，到目前为止资金已经翻了 20 多倍（见

图6-1)，由此可以看出该账户的盈利能力是比较强的。这是我们创业之初的一种手法，就是追求收益、追求暴利。

图6-1　厚石程序化对冲1号净值走势

数据来源：私募排排网。

当然，实话实说，这里面也有幸运的成分。我们都知道，盈亏同源。盈利和亏损是相伴而生的，收益高且风险小的这种好事几乎是不存在的。所以，我们获得了比较高的利润，但也冒了比较大的风险。当然，这与我的交易策略有关，它是一种趋势类型的交易策略，或者叫作右侧交易。它有很明显的优点和缺点：优点是盈利能力非常强，缺点是回撤幅度非常大，不好把控心态。如果某个人告诉你，他是做趋势型交易策略的，胜率能到百分之七八十，我觉得这是不现实的。虽然该策略的优缺点如此明显，但我认为它仍是一个长期有效的策略。

基于多年的交易经验，随着我对激进型策略的深入理解，可以说是深入骨髓地理解之后，我开始寻找低回撤的解决方案。我为什么要这样做呢？因为我们已经过了创业期，已经发行了自己的基金产品，开始追求能够容纳更多的资金，所以我们开始寻找上述问题的解决方案。当然，我们的要求是稳健第一，其次才是基金的规模。

总之，我的进化史可以分为 3 步：第一步，追求暴利；第二步，追求多品种、多周期的各种配置；第三步，策略配置和市场配置。

金融市场的免费午餐

核心观点

多元化是金融市场罕见的“免费午餐”

在金融市场里面，是否有免费的午餐呢？可能很多人都说没有，但是诺贝尔奖获得者哈里·马科维茨却认为有，他认为这份罕见的免费午餐就是资产配置的分散化和多元化。正是基于该理念，公司开始转型，从最早的单品种（或者说几个品种）的单边重仓交易方式，发展到了多品种、多周期、多策略的操作方式。其实这种操作方式，大部分操盘手都在采用，只不过我们追求得更多一些。下面详细解释一下我们后期的交易策略。

从多品种上看，该策略涵盖了股票、股指期货、商品期货和国债期货等，目的是通过多品种组合对冲来规避因对冲工具单一带来的风险。例如，我们日均持有 50~100 只以上股票，期货也涉及了

32个品种，基本上涵盖了期货市场中的活跃交易品种。我们的持仓比较分散，品种的流动性高（日换手率达5%），因为该策略对资金的容量比较大。

从多周期上看，我们涵盖了部分短、中、长周期。比如日内的短线包括了1、3、5分钟周期，中线包括了15、30分钟周期；而日线级别的周期我们全部涵盖了。这样就形成了195个策略模型。

从多策略上看，我们从刚开始的单一策略向多种策略混合的方向转变，范围涵盖了趋势CTA、股票阿尔法、国债与股指的量化、股指的套利与对冲、固定收益等，希望能在趋势和震荡市中找出市场轮动的特点与套利空间。也就是说，常见类型的操作方式，常见策略产生的原理，都应用在了我们策略模型的研发上。这样做的主要目的是确保各策略之间的相关性比较低，既降低了组合风险、保持了市场中性，又能确保组合在牛、熊、震荡市中都有较为稳定的收益。当事情发展到这一步的时候，我们就不得不着手进行程序化交易了，因为已经无法凭借个人的力量来支撑这么庞大的模型去运行了。所以，我们公司就从主观交易一点点地转到了程序化交易上。

在使用混合策略之前，如图1所示，可以看到厚石的净值虽然翻了好多倍，但是回撤却有百分之三四十。如果凭这个水平去募集客户的钱，去做基金产品的话，毋庸置疑，压力还是非常大的。

在使用混合策略之后，我们达到了降低回撤率的目标，当然收益率毋庸置疑也降低了，因为盈亏同源嘛！在建仓了32个期货品种并且使用了195套模型后，我们的回撤率由最初的25%，降到了目前的12%。对于12%的回撤率，我估计大部分人是可以接受的，实际上我们自己也觉得可以接受；但是现在的投资人尤其是机构投资人，要求越来越高，而我们刚才介绍的这种方法，毕竟还局限在了一个市场中，就是商品期货市场，这就导致我们无法解决相关性问题。而商品期货各品种间即使相关性较弱，但是行情一来，它们大概率还是会同涨同跌，那么我们还是无法解决系统性风险。

趋势 CTA 策略

阅读提示

趋势 CTA 策略最大的属性是盈利爆发性强，回撤幅度大

介绍一下趋势 CTA[1] 策略。趋势 CTA 策略最大的属性是什么呢？就是盈利爆发性比较强，回撤幅度比较大，我认为这是它比较典型的属性。趋势 CTA 策略最大的缺点是回撤幅度比较大，那我们有没有办法解决这个问题呢？我认为是有办法的。现在我们发行了很多类型的基金产品，其中就包括 CTA 基金产品。对于不同的基金产品，它们的清盘线不同，有 0.8 元、0.85 元、0.90 元，还有 0.95 元的清盘线。为什么？因为我们完全能够解决该基金的回撤问题。方法其实很简单，就是把仓位降得很低；但是，带来的后果就是收益率也随之很低了。

如果客户真把清盘线定在 0.95 元的话，我会和客户说可以，完全可以接受，但是会告诉他这样做的结果是将不会有预期收益。也就是说，解决趋势 CTA 策略的回撤过大问题是有办法的，但是一旦解决了回撤过大问题，必然会影响到它的盈利。一般而言，一个策略的诞生，如果它有一个很好的优点，必然伴随着一个很明显的缺

[1] Commodity Trading Advisor，商品交易顾问。他们主要利用期货、期权的价格波动来赚取利润。

点。如果你想把这个缺点解决掉，可以，但是会双倍影响到它的优点。也就是说，优点和缺点是相伴而生的，改变缺点必然会影响优点。

为什么设立 CTA 基金？不就是追求期货的盈利爆发能力强，最终收益高嘛！所以，从这一点上说，就是趋势 CTA 策略的属性决定着我们追求它的低回撤是舍本逐末，是大材小用。这种策略确实能产生很强的盈利爆发力，如果我们非得要追求它的回撤幅度不超过 3 个点，那还有什么收益呢？

在投资过程中，我们最怕什么呢？最怕的有两点：一是赚钱你不知道怎么赚的，二是亏钱你不知道怎么亏的。对于我来说，最起码我能做到，这一段时间亏钱了，我知道亏损的原因，并且不担心，因为我知道下一次还会赚回来。那最怕的是什么呢？亏钱不知道怎么亏的，那就连纠正的机会都没有了。

所以，只要你知道自己是怎么赚钱的，又是怎么亏钱的，自己设计好风控，设计好配比，就能解决这些问题。以此类推，在我们知道趋势 CTA 策略的属性后，就可以进行资产配置了，目的是发挥其长处，规避其短处。

资产和策略配置

阅读提示

总有一种策略的长，能补上另一种策略的短

我们知道，每一种策略都有自己的短板，无论多完美的策略都有自己的短板，而我们要做的就是取长补短。“木桶理论”相信大家比较熟悉，说的是木桶能装多少水取决于它的短板；后来，该理论又衍生出了新的解释，是说木桶到底能装多少水，不是取决于短板，而是取决于长板。当你把长板放到无限长并把木桶倾斜放置时，它就能够解决短板的问题。也就是说，总有一种策略的长，能补上另一种策略的短。基于木桶理论，我想说明的是，各种策略的优劣我们一定要分析清楚，长处、短处在哪里，以便我们发挥长处来弥补这个短处。

在我们的3步进化历程中，每一步追求的目标是不同的：第一步我们追求的是暴利，导致我们的回撤率比较高，达到百分之三四十；第二步我们追求的是多品种、多周期的各种配置，把资金回撤率降到了12%；第三步我们追求的是低回撤，因为想寻找更稳健的机构投资者。

为了满足第三步的要求，我们开始追求资产配置和策略配置，比如说我们把80%的资金放在了股票阿尔法中性策略里，而商品CTA配置了5%，股指CTA配置了5%，期权配置了5%。阿尔法策略在2016年和2017年上半年曾受到了一些诟病，我认为主要是政策原因造成的，阿尔法策略的春天早晚会回来，所以我们把80%的资金配置在了一个中性的阿尔法基金里面。然后，我们在这个基金的底仓上再做T+0增强，投入的这部分资金，我认为基本上不存在亏损的可能，或者说盈利基本上是稳健的，年化收益的预期在七八个点。我们给这只基金定了一个调，它是一个稳健型的基金。

2017年，尽职调研机构曾问我，为什么上半年其他的阿尔法基金都在亏钱，厚石不但没亏钱，反而还赚钱了呢？这当然是和上述的策略有关。我们的阿尔法策略，主要是追求稳健，把它作为业绩稳定的基石，根本没有打算让这部分投资能赚多少钱。既然对盈利的要求不太高，亏损的概率肯定就小。同时，我们绝不听消息，绝不炒作热点，坚持行业中性原则。我们持有的 80 只股票，也做到了和沪深 300 指数在行业上的匹配。

对于剩余的资金，我们配置了一部分期权，初期我们可能投入 10%的资金，后期则投入 5%。在商品 CTA 盈利能力很强的情况下，我们只配置了 5%的资金；在股指 CTA 盈利能力很强的情况下，我们也只配置了 5%的资金。我们之所以这么做，理论基础就是木桶的长短板理论。对于我们的股票阿尔法策略来说，它的特点是稳定，就相当于木桶的长板，那我们就把这个长板放得很长，把 80%的资金都配置在这个策略上；对于 CTA 策略来说，其特点是不稳定、回撤大，相当于木桶的短板，我们就配置比较少的资金。我认为，5%的仓位就算回撤了 50%——已经超过了我们历史最大的回撤率，对整个基金来讲，也才有 2.5%的回撤率，对整个基金的净值影响并不大。

这就是我们的配置策略，有的是负责净值稳定的（股票阿尔法策略），有的是负责获取暴利的（商品 CTA 策略和股指 CTA 策略）。我们这么做的目的是什么呢？——寻找市场中的低相关性。因为我们越来越觉得，要想健康地发展，并且发展到比较大的规模，追求稳健是必须的。如果资金只配置在一个市场里面，发展怎么能够稳健呢？这是很难的事情。所以，我们可以利用股票和商品期货两个不同市场的低相关性来获得这种稳定性，比如 2017 年贵州茅台股价不停地上涨和铁矿石期货价格不停地下跌就没有多少关系。

所以，我们在追求股票和商品期货的低相关性，我们在追求股指与商品期货的低相关性，我们在追求商品期货各个品种之间的弱相关性，我们在追求期权策略和其他策略的非相关性。在股票市场，我们同时持有 80 只股票，还要做沪深 300 指数的完全对冲；在商品期货市场，我们有 195 套模型在跑，外加期权和股票对冲策略。总体上，我们的基金有 300 个投资标的，它们分散在股票市场、商品期货市场、股指期货市场、期权市场之中，下一步我们还要加入债券市场、场外期权市场和海外市场。

对于这 300 个投资标的，分散在这么多的市场里面，而各个市场基本又是非相关的，大家想想，我们的风险能有多大呢？在上述思想的指导下，我们的实盘结果也是比较喜人的，见图 6-2。

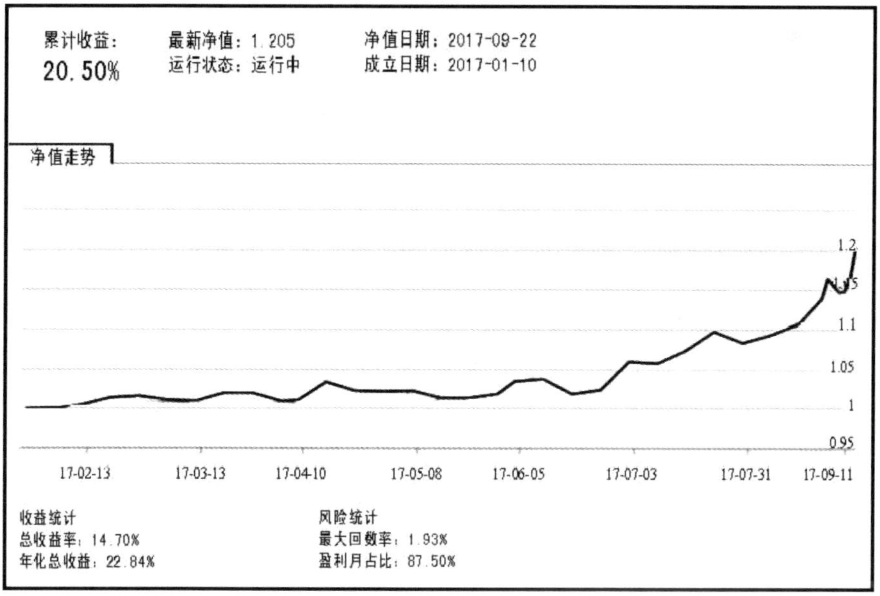

图 6-2　业海通厚石天成量化对冲 1 号私募证券投资基金累计净值走势

数据来源：资管网。

从图 6-2 中可以看到，截至 2017 年 9 月，该基金的净值已经增长了 20 多个点。当然，该收益并不算高，但是我们的回撤控制得比较好，回撤幅度没有超过 2 个点。该收益按照年化计算的话，年化收益率已经超过了 30 个点，风险收益比为 1∶15（2∶30）。如果只看风险收益比的话，1∶15 的结果我敢说在市场上还是比较少见的。

所以，通过上述方法，我们寻找到了一种盈利非常稳健且回撤较低的策略。但是，即使这样我们还不满意，我们还想做得更好。

投资人的两大误区

核心观点

散户把投资想简单了，机构把投资想复杂了

我们公司这两年发展的速度相对较快，我们是顶着股灾的压力，一点点发展起来的。现在有大量的机构在关注着我们，公司每天至少要接受 4 次机构的尽职调查，这种情况已持续了一年左右的时间。这些机构对我们厚石天成有很多疑问，比如：为什么厚石天成的股票阿尔法策略 2017 年没亏钱，而且还赚了钱；怎么这么多策略都能一起使用；等等。这两年，通过我们接触到的一些散户和机构，我感觉他们对于投资的认识存在两大误区。

首先，散户把投资想得太简单了。我接触的散户很多，他们往往把投资想得太简单了。有些人一旦看好某一只股票，在事先没有进行研究的情况下，仅凭着当时的感觉就买进；或者是刚毕业的大学生，拿着家里的钱随随便便就买了，是不是他们觉得投资太简单了呢？

其次，机构投资者把投资想得太复杂了。我们接待过很多公司的尽职调查，我每天最少要见 3 批客户，都是机构投资人。那时我就在想，他们反而把投资想得太复杂了，他们总是提出各种各样的技术理论、尽职调查模板和各种冠冕堂皇的学术派的问题。

对于我个人来讲，投资是从简单到复杂，再到简单的一个过程。从最初的什么投资知识也不懂，到看了上百本的书，到所有的交易流派都做，之后认识到我的想法太多，把投资搞复杂了，于是开始简单化，让想法尽量少一些。我的方式是返璞归真，把很多策略都回归到最原始的一些投资理论上。

很多投资大师都说过，策略越简单越好。比如斯坦利·克罗的座右铭就是“务求简单，简单到不用大脑”（Keep It Simple，Stupid）。因为越简单的模型越能够反映出价格运行的本质，对行情的适应情况会更好；而复杂的模型，对行情的适应情况会差一些，因为其依赖的参数比较多、限制条件比较多，而价格运动是混沌的，所以模型和行情的匹配度会降低很多。

厚石天成公司也有很多复杂的策略，我们对它一般持高度怀疑的态度，时时刻刻盯着它；但对一些简单的策略，我们对它的容忍度却很高。

当然，并不是说策略越简单就一定越好，这需要辩证地看，但简单的策略确实是一件好武器。

我的思考

核心观点

投资世界里最难的两件事

确定性之殇

这几年我对交易之道有了一些比较深层次的感悟，和大家简单分享一下。

投资世界里最难的两件事

阅读提示

知行合一，坚持

我们的趋势 CTA 策略的收益率一直挺高，而且这种情况持续了很多年。之所以能取得这样的成绩，可能是因为我们基本做到了投资世界里上最简单的，也是最难做到的两件事。第一件事叫知行合一，听上去很简单，但是我认为 99%的人无法绝对做到。一旦知行不一致，市场就会惩罚你，直到某一天痛到了极致，你才会坚持知行合一。不过，这仅是迈向成功的第一步。第二件事是坚持，我还是敢说，依然有 99%的投资人无法做到。

厚石天成过往的业绩之所以比较理想，我认为或许是在上述两件事上比别人做得更好而已。对于既定的策略，我们坚决执行，即使在某段时间内净值出现了很大幅度的回撤，我也坚定地执行它，只不过我用资产配置的方式，解决了回撤幅度过大的问题。

确定性之殇

阅读提示

唯一能确定的事就是不确定

我是从一个普通的草根交易员开始做起的，在做了这么多年交易之后，我感觉现在许多人对交易之道的研究越来越脱离了事物的本质，就是越搞越复杂，离本原越来越远了。现在仍有很多人在苦心钻研一些复杂的理论和技术，但他们忘了最简单的东西——常识。

用常识交易

无论是在股票市场、期货市场，还是在整个投资领域，用常识做交易都是没问题的。美国长期资本管理公司，当年那么高大上的公司，让我们那么顶礼膜拜的公司，他们研发出来的模型胜率非常高，当然杠杆利用率也很高，有时能达到几百倍，后来却倒闭了。我认为缺少常识也是其倒闭的原因之一，高杠杆率带来的利润不可持久，有一天哪怕出一点点小事，也会引发山崩海啸。这其实也是确定性之殇，因为世间不存在真正的确定性，唯一能确定的事就是不确定。

我曾经思考过一个热门话题——智能投顾的高胜率问题。实际上，对于智能投顾，我有很深的疑惑，我曾和上海一家做智能投顾研发的银行特意探讨过这个问题，后来我们达成共识（当然我们代表不了什么）——智能投顾要分成两面来说，因为现在已经把它混淆了，即把量化交易、程序化交易和策略研发都归纳到了智能投顾中。

我们认为，智能投顾应该归为服务业，不管是用来筛选基金经理，还是用来筛选基金，它都只是一种提高工作效率的方式。如果想把智能投顾发展为一种追求交易高胜率的方法，可能就会出现确定性之殇，早晚会出问题。

也就是说，常识告诉我们，你在追求高收益的时候，能否做到资金容量够大？如果能够做到，那能否再同步做到波动频率低和回撤幅度小？期望收益率、资金容量和风险构成了“投资的不可能三角形”（见图 6-3）。理解了这张图，对于智能投顾的高胜率问题就能想清楚了。要么你占住不可能三角形的 1 个角，要么你占住 2 个角，3 个角都让你占上是不可能的。如果 3 个角全让你占了，就意味着市场的钱就全让你赚走了，这是绝对不可能发生的事情。

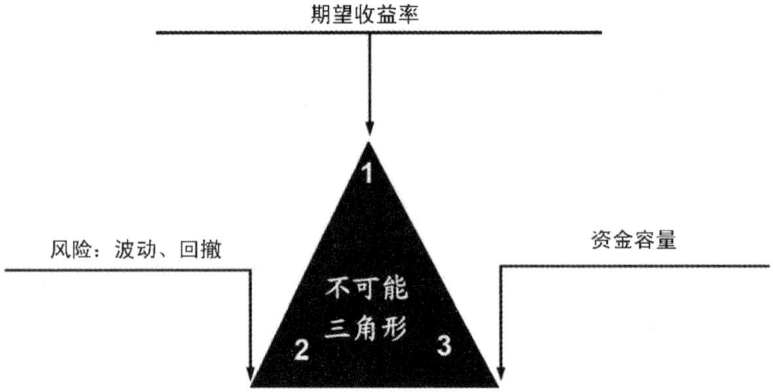

图 6-3　投资的不可能三角形

守株待兔理论

我是一个不确定性的坚定拥护者。市场的不确定性，导致了我们个人的判断和策略的不确定性，这就让我走向了一种偏被动型的多市场、多策略的交易之道，我个人粗略地把它定义为守株待兔理论。

在我们进行多市场的资产配置时，比如在股票市场、商品期货市场、股指期货市场、期权市场、海外市场和债权市场，事先我都会做好充分的准备。但有一个问题让我事先难以判断，即在这些市场中，哪一个下一步会来行情呢？由于自认为没有太好的判断能力，于是我选择了守株待兔的做法，即把每一个策略都看作一个“树桩”，等待“兔子”（机会）来撞。

但是，要把树桩放在哪里是最关键的问题。如果你把树桩放在了沙漠里，或者放在了珠穆朗玛峰上，估计永远也不会有兔子来撞。我们要做的就是通过策略，无论是程序化策略还是主观研发，抑或是基本面判断，把树桩放在兔子大概率会出现的位置。就在这个位置，兔子早晚会来，大概率会撞上。

这又引发了一个问题，也是我经常被问到的问题，即策略的有效和失效问题。经常有人问我，策略要是失效了怎么办？对于该问题，我曾经思考过：什么叫作有效，什么叫作失效，存不存在有效，存不存在失效？我敢说没有永远的有效，也没有永远的失效。比如，你做的是右侧交易，如果很长一段时间策略都没有效果的话，可能是你的“兔子”在路上，只是还没到罢了。

投资是个哲学问题

首先，在期货市场上保持稳定盈利，心态很重要。在市场面前，把自己当作一个傻瓜就是我的交易哲学的起点。这就要求你得先把心态放到一个非常低的位置，才能去交易。

其次，人生阅历非常重要。在期货市场中。影响成功的因素有很多，并非仅凭基本面和技术面分析就可以胜任，还包括你的人生阅历。人生阅历决定了你的性格是否坚强，决定了你能否坚持初心，我觉得这些因素最后都会反映到你的交易行为中。

最后，投资是哲学而非技术问题。无论是主观交易，还是量化交易，不需要复杂的模型，甚至都不一定需要模型。如果你有交易思路，用 Excel 做出来的模型照样能用，笨办法不一定就无效。巴菲特和查理·芒格都不会做模型，但并不妨碍他们成为大师。其实，到了一定阶段，所有外在的东西都是辅助手段，成功与否归根到底在于你的投资哲学能否建立起来。

延伸阅读

对于木桶理论，大家熟知的往往是短板效应——储水量取决于最短的那块木板；但新木桶理论却另辟蹊径，认为只要长板够长（把木桶倾斜），就能够弥补短板带来的缺陷。

受此启发，作者把该思想运用到基金投资标的的构成中。对于大资金来说，对稳定性的要求远胜于如何获得暴利。如何保持基金净值的稳定呢？根据新木桶理论中长板要足够长的要求，当然是把基金中的大部分资金投入一个获利比较稳定的策略中，因为盈亏同源，盈利少，这部分资金面临的风险相对就低。有了这部分资金作保证，就可以拿出少量资金来博取暴利，但这部分资金的占比很小，只占全部资金的5%，这部分资金的投向是期货市场。主要是利用期货市场的杠杆效应，来以小博大。也就是说，在整体资金保证安全的情况下，让一小部分资金利用杠杆效应去博取一个大收益。

第七章

趋势运行中的调整与加仓

王　刚

调整走势有五大攻略，调整的必然性体现在6个“了”上。

调整是加仓的好时机，我的 6 个加仓点技巧和加仓原则可以很好地应对调整走势。

有系统者盈，无系统者亏

核心观点

调整系统是整个交易系统中非常重要的组成部分

这些年，我接触过几百名私募基金经理，或者职业操盘手，也接触过几千名普通个人投资者。这些人的成败得失给我留下了很深刻的印象，经过研究和总结，我发现了他们有一个共同特点，就是：有系统者盈，无系统者亏。每一名交易员、操盘手，或普通投资者，入市多年如果始终不赚钱，就需要反省一下，自己的交易系统是否构建完整了；如果开始赚钱了，也需要思考一下往后应该怎样优化自己的系统。

本章中，和大家分享一个子系统，即调整系统，它来自一个子策略——趋势运行中的调整策略。顾名思义，“调”是回调，“整”是整理，“调整”就是指行情的回调整理走势（见图 7-1）。调整代表主趋势的折返，它只会出现在一个次级行情中。如果出现在涨势中，我们称它为回落或者下跌；如果出现在跌势中，我们称它为反弹或者上涨。大多数情况下，调整是一种洗盘动作，即诱多或诱空动作；但有时会演变成趋势的转折动作，我们可以从交易量、持仓量、形态等方面来分析。在趋势运行过程中，调整走势占用时间比较长，有时候占到整体趋势的三分之一，有时候会占到三分之二。所以，我认为调整系统是整个交易系统中非常重要的组成部分。

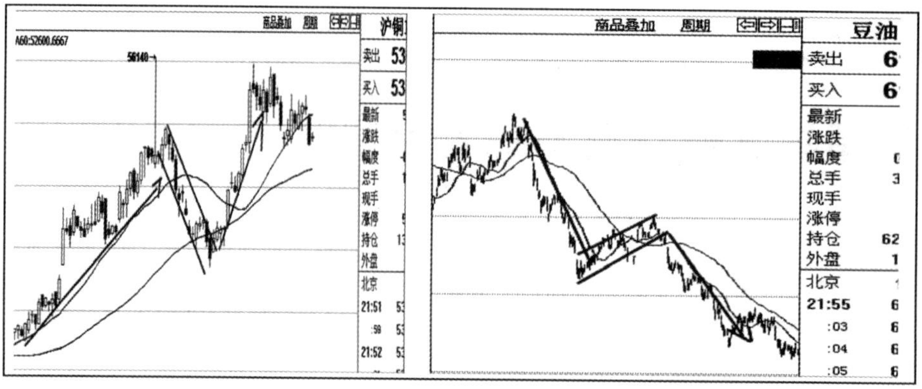

（a）上涨趋势中的调整趋势　　（b）下跌趋势中的调整走势

图 7-1　调整走势

调整走势，让职业操盘手郁闷，让业余操盘手无所适从；让老手无奈，让新手恐惧。偏偏它又不可避免，因为行情总是会调整的，不管你愿意还是不愿意，它就摆在那里。想获利平仓吧，趋势没改变；想由它去吧，调整幅度却大小难料。处理不好的话，利润回吐、资金回撤，由赚变亏；处理好了的话，又是一次绝好的加仓时机，资金又插上了腾飞的翅膀。无论是量化交易，还是主观交易，当碰到行情调整的时候，如果去观察资金曲线，你就会看到——行情调整，资金曲线也会跟着调整。

调整的五大攻略

核心观点

认知调整，固有必然性；预估调整，何时会发生；笑看调整，

耍什么花样；观察调整，幅度有多大；面对调整，应该干什么

对于调整走势，我总结了五大攻略，它们的核心内容分别为：第一，认知调整，固有必然性；第二，预估调整，何时会发生；第三，笑看调整，耍什么花样；第四，面对调整，应该干什么；第五，观察调整，幅度有多大。

认知调整，固有必然性

阅读提示

6个“了”

第一大攻略，强调了调整的必然性。价格单方向运行一段时间后，调整一定会出现的，此时价格非调不可，不调不行。那么，调整的必然性体现在哪里？6个“了”，即大了、到了、长了、热了、猛了和怕了。

大了

大了是指利润大了、涨跌幅度大了会引发价格的调整。中国第三届操盘手大会的嘉宾——徐长波老师曾说，当别人纷纷抢筹时，他会选择平仓走人，为什么呢？主要就是上涨的幅度大了和账面利润大了，必然会出现获利回吐现象。从本质上分析，调整实际上就是一个获利回吐的过程，是赚了钱的交易者开始落袋为安的过程。如图7-2所示，豆粕从2400元涨到了3475元，两个多月的时间涨幅近45%，做多的交易者获利丰厚。在随后的走势中，出现了上涨乏力现象，随后的调整趋势让涨幅出现了近50%的回吐。

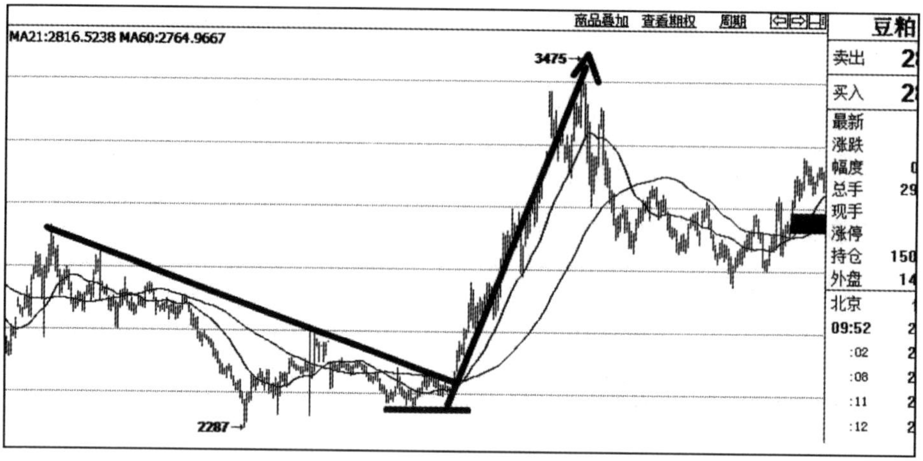

图 7-2　上涨的幅度和利润大了

到了

到了是指目标位到了，我们每做一波行情都要预估它的目标位。以枪支的射程问题为例来说明目标位的含义。大多数手枪的有效射程是 50 米，而步枪的射程一般是 400 米，那么当你拿到一把枪的时候，通过其外表，你就知道它的射程大概是多远，这就是它的目标位。如图 7-3 所示，经过一轮较大幅度的下跌后，价格出现了类似双底的形态。我们知道，一旦价格向上突破颈线，理论上的涨幅是双底的底部到颈线的距离。所以，当价格向上突破颈线并达到目标位后，该品种便出现了调整走势。

长了

长了是指价格单方向运行时间长了，必定会有利好或者利空消息出现，引起价格的反向波动；但之后价格会再延续原来的趋势。如图 7-4 所示，焦炭经过长期缓慢下跌后，利好消息引发了价格反弹，但之后价格再度回到了起涨点。

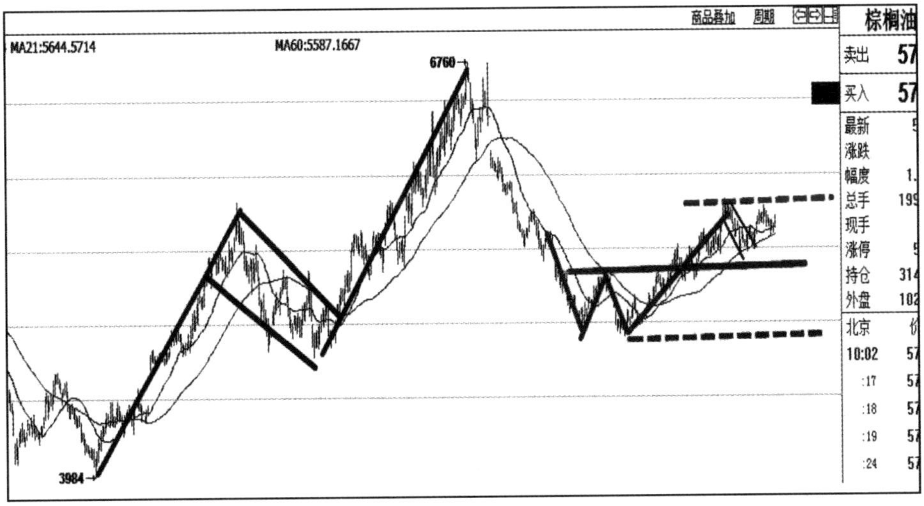

图 7-3　目标位到了

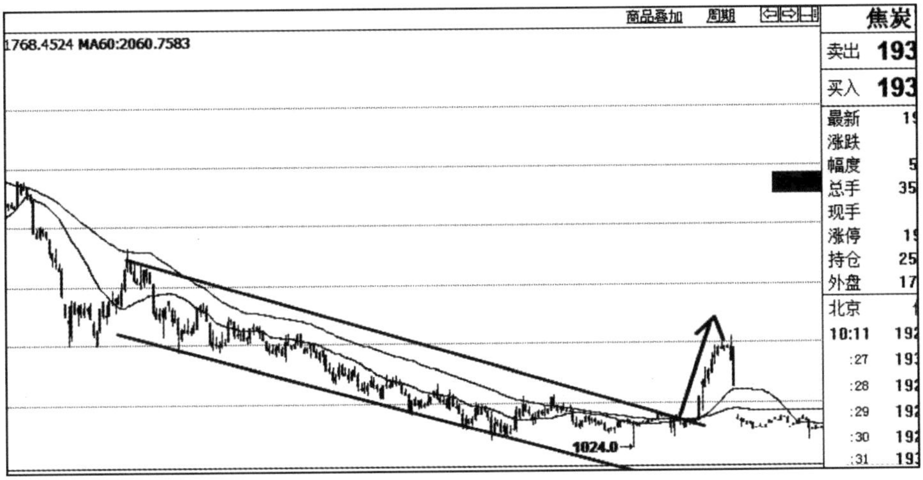

图 7-4　单方向运行时间长了

热了

热了是指技术指标表现过热，即技术指标连续出现钝化或者背离的现象，为了修复指标，价格出现了调整走势。如图 7-5 所示，伴随着价格的不断上涨，MACD 指标分别出现了顶背离和钝化现象，随后价格开始回调。

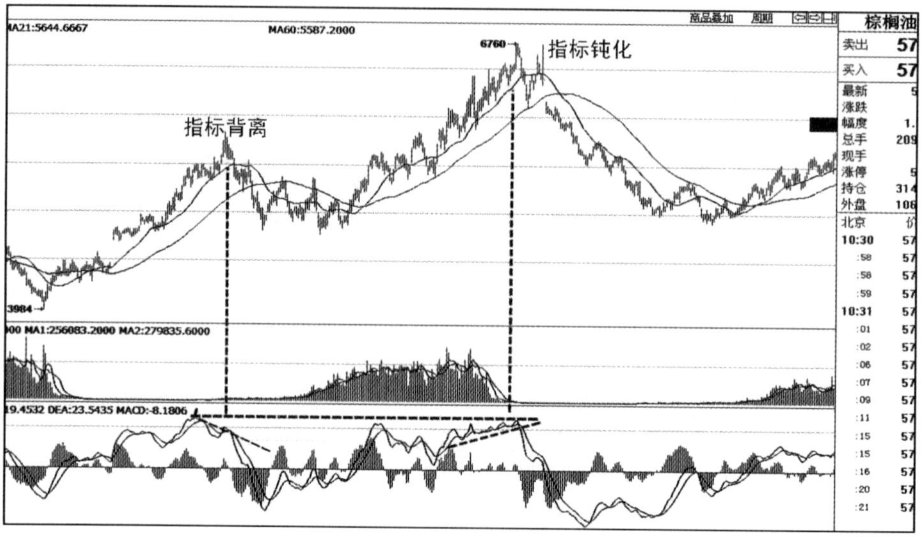

图 7-5　指标热了

猛了

猛了是指多方或者空方突然发力过猛，使得 K 线图上出现连续大阳（阴）线，或连续跳空走势，此时反向持仓的交易者被打了个措手不及，由于绝望而纷纷砍仓。如图 7-6 所示，2016 年 4 月 20 日前后，在前期上涨的基础上，螺纹钢连续收出了 4 根大阳线，中间还伴有 2 个跳空缺口，这往往预示着多方发力过猛，随后价格的急跌也验证了这一点。所以，往后遇到这种情况一定要主动择机平仓。

图 7-6　多方发力猛了

怕了

怕了是指当市场出现上述大了、到了和长了等现象时，必然会有人怕了。此时是谁怕了呢？千万不要仅仅理解成是亏钱的那一方怕了，赚钱的一方也会害怕。如图 7-6 所示，螺纹钢在 2787 元的高位，出现了减仓 40 万张的现象，说明多空都在减仓。我曾经研究过加减仓的规律，发现如果某一天增仓或者减仓的幅度超过 20%，就要当心。如果此时价格处于高位，可能随后会来一个大的回调走势；如果此时价格处于低位，可能随后会来一个大的反弹走势。在这种情况下，多空的逃跑行为，将会导致行情往反方向运行一段时间。

总之，我们要充分认识到市场的调整是必然的，没有一往无前的行情。也就是说，没有一直涨或跌的行情，价格总会回调的，没有回调只能说还没到时候。需要提醒一点的是，看到价格涨得高了，平仓可以，但反手做空它却极有可能是错误的。

预估调整，何时会发生

阅读提示

重要的支撑或阻力位置，K 线组合出现转折形态

第二大攻略，强调了调整发生的时间。这部分内容是说调整肯定会有，关键是什么时候到来。比如 2016 年某一时间段，焦炭曾连续出现 16 根阳线，在第 5 根阳线出现的时候有人认为会调整，出现第 8 根阳线的时候有人认为会调整，但是我们看到，该合约一直在连续增仓、放量和上行。所以，只要某个合约在增仓、放量和上行，你就不要害怕它会调整，它继续往上冲的概率更大。

既然知道行情必然会发生调整，我们就需要考虑调整来了应该怎么办。如果提前把调整易于出现的位置研究明白了，我们就敢顺着行情追击下去。所以，一名好的交易员，对交易既要有宏观上的把握，还要兼顾微观的具体操作，两者缺一不可。对于调整来临的时间，判断的宏观标准有 6 个“了”，微观的判断标准如下：

重要的支撑或压力位置

重要数字关口处

当价格运行到一些重要数字关口处时，例如 1000 元、1 万元、10 万元等，都有可能引发其走势出现调整。如图 7-7 所示，沪镍在 10 万元附近的位置两次遇阻，之后展开了一波比较大的调整走势。

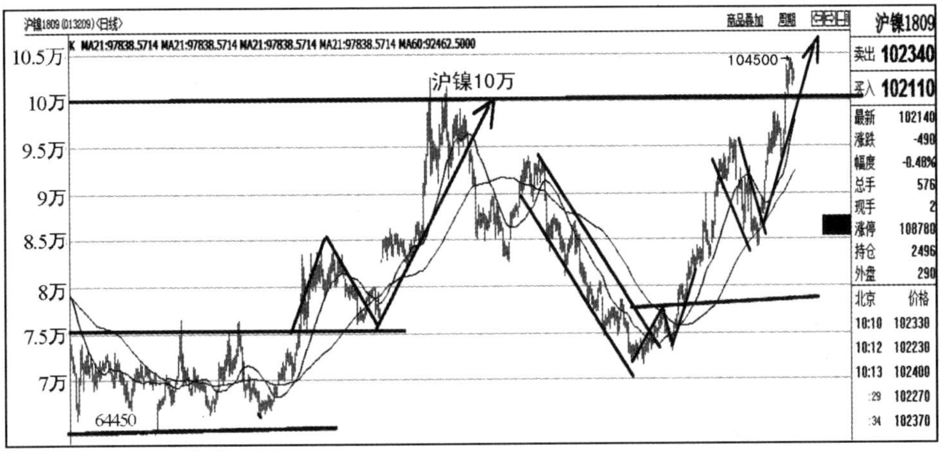

图 7-7　沪镍在 10 万元处遇阻回落

管道线、趋势线形成的压力（支撑）位置

当价格运行到由管道线、趋势线所形成的压力（支撑）位置时，有可能会出现调整。见图 7-8 所示，可以画出 3 条管道线，由此形成了 2 个管道和 2 个阻力目标位。第一个目标位就是第二条管道线的上沿，第二个目标位是第三条管道线的上沿。一般来说，当到了第二个目标位时，价格往往会下跌。根据我的观察，这几年不论多么疯狂的行情，管道的数目基本上都不会超过 3 个。

前高（低）形成的压力（支撑）位置

当价格运行到由前高（低）所形成的压力（支撑）位置时，有可能出现调整。如果再结合交易量进行分析的话，把握会更大一些，特别是出现冲击前高无量的迹象时，就应该立即平仓，因为在这个位置价格展开调整的概率很大。见图 7-9 所示，在 10600 元附近，价格连续 4 次在这里都没能站住，每一次涨到此处都是一个好的平仓点，这就是前期高点的威力所在。

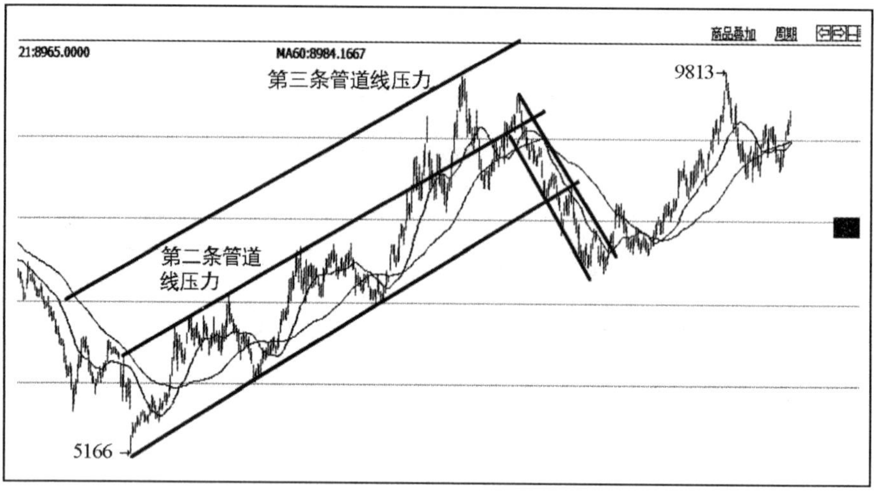

图 7-8　第三条管道线引发的调整

图 7-9　前高位置引发的调整

K 线组合出现转折形态

K 线组合的转折形态都是一些常见的形态，比如双顶（底）、头肩顶（底）等，当这些形态的颈线被向上（下）突破时，会引发价格出现调整走势（见图 7-10）；还包括价格出现大幅度上涨（下跌）后，出现连续的跳空或大阳（阴）线走势，或者穿头破脚走势等（见图 7-11），也容易引发价格出现调整走势。

图 7-10　向下跌破双顶形态的颈线后引发价格调整

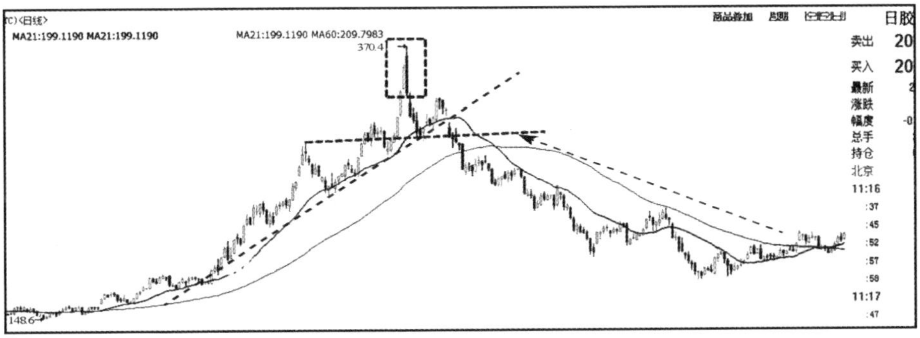

图 7-11　多种 K 线组合转折形态引发价格调整

笑看调整，耍什么花样

阅读提示

调整的 5 种形式

第三大攻略，强调了以淡然的心态看待调整。我认为，当你把市场中常见的调整手法基本熟悉了之后，把整个的调整体系研究透了之后，基本就有一个判断的标准了，面对忽上忽下的走势，心态也就比较淡然了。

我总结了调整走势的 5 种常见形式，分别为：

1 日或三五日调整

在快速上涨（下跌）的行情中，以 1 日或三五日调整为主（见图 7-12）。面对这种走势，需要再结合成交量的放大或缩小情况来分析。如果出现阳线时放量，出现阴线时缩量，这样的行情就可以继续买进，趋势延续的概率比较大。

波段（旗形）折返

趋势在惯性延续时，其间的调整表现为波段（旗形）折返形式。见图 7-13 所示，旗形形态一共出现了 7 次，在每一次旗形形态被向下突破后，价格都出现了急速下跌走势。利用相关计算法则，我们大体还能判断出每次下跌的目标位。

图 7-12　上涨走势中的 1 日或三五日调整

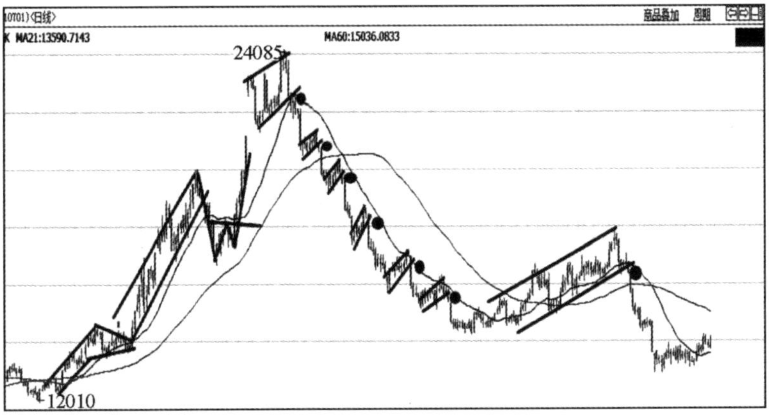

图 7-13　下跌走势中的波段折返（旗形）调整

平台或三角形调整

多空实力相近，价格在拉锯式运行中，多以平台或三角形调整为主（见图 7-14）。

图 7-14　价格在拉锯式运行中的平台调整

21 天均线

当市场处于强势调整时，21 天均线附近是波段调整的比较可靠的目标位，即价格来到 21 天均线位置时，会受到支撑或遇到阻力。如图 7-15 所示，价格每一次反弹到 21 天均线附近时，都遇阻回落了。

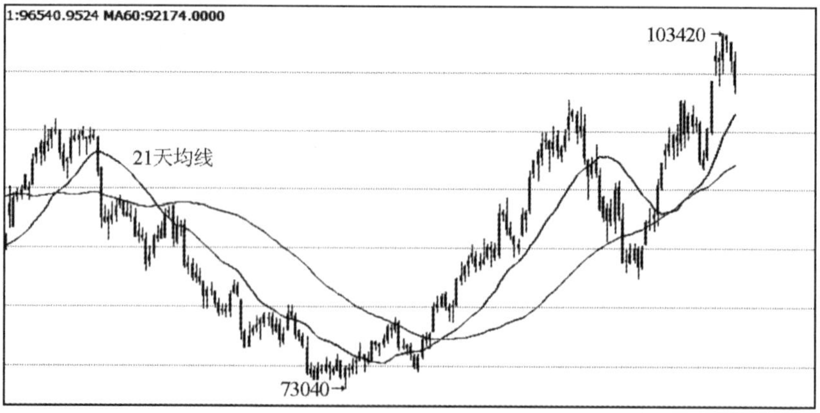

图 7-15　强势调整以 21 天均线为目标位

60 天均线

当市场处于弱势调整时，60 天均线附近是波段调整的比较可靠的目标位。我们知道，在期货品种里棕榈油比较难操作，因为它的调整幅度有时很大。根据我的观察，很多时候它涨（跌）到 60 天均线时才会企稳（或回落）。如图 7-16 所示，棕榈油的 3 次反弹全部被 60 天均线压住，也就是每一次反弹，涨到 60 天均线附近时即告结束，过后价格继续下行。

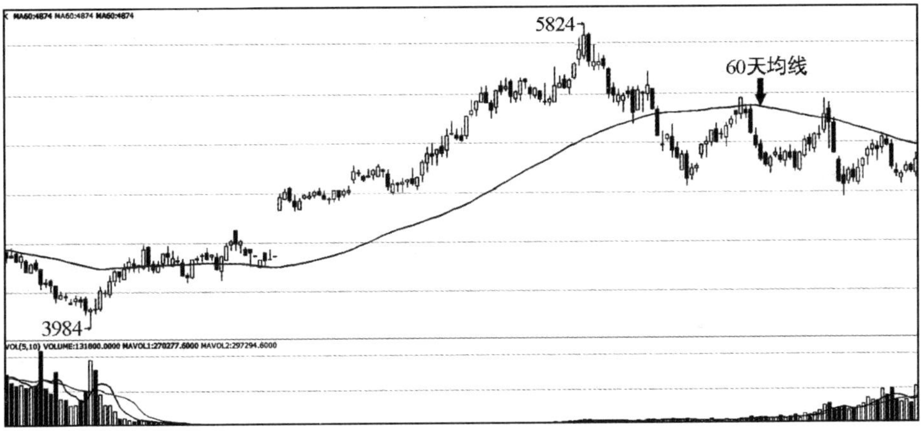

图 7-16 弱势调整以 60 天均线为目标位

面对调整，应该干什么

阅读提示

3 个应对之策

第四大攻略，强调了面对调整时可以采用的办法。对很多业余交易者来说，明明看到价格发出了将要调整的信号，却往往选择忽视它，因为他们会给自己一个心理暗示——认为自己是个趋势交易者，手中仓位要长期持有。可是，他们的长期持有的想法会随着价格的波动而改变。随着调整的持续，他们会眼睁睁地看着账面利润逐渐减少，直至账户出现亏损。当亏损到一定程度时，他们会由于心态失衡而割肉平仓。而最令人尴尬的是，他们刚刚割肉完毕，行情却又重新开始了，而此时的他们却丧失了再度入场的勇气。

所以，面对无法避免的调整走势，我们一定要有自己的应对策略。下面介绍一下我的应对之策，共有 3 个，分别为：预估调整的形式与幅度；做好利润保护，适度调整仓位；等待调整结束并加仓。

预估调整的形式与幅度

如何预估调整的形式与幅度？我认为，打开未来之门的钥匙就藏在过往的走势中，因为历史总是会重演。

例如：行情在前期出现了 1 日洗盘走势，后面出现 1 日或者三五日洗盘走势的概率比较大；行情在前期一直不温不火地上涨（下跌），只要不出现大幅增仓现象，后期的调整也就不会太剧烈；前期曾出现猛烈地上涨，如果开始出现大幅减仓现象，那么随后将出现猛烈的回调走势（下跌则不然）。

回调的幅度：第一步看 21 天均线；第二步看趋势线；第三步看 60 天均线。同时参考前期涨（跌）幅度的 30%、40%、50%和 60%的回吐位置来研判调整的目标位。

在期货市场，要想取得成功，要多做“事后诸葛亮”，收盘后要坚持每天复盘，逐步培养自己的盘感。

做好利润保护，适度调整仓位

这一条非常关键。我们常说，要截断亏损，让利润奔跑。但是，让利润奔跑时，也不要忘了做好利润的保护工作，可以通过适度调整自己的仓位来达到该目的。该方法实际上也是一个风险管理措施。对于账面的浮盈，我总结了 3 个“必须保护”，分别是：破颈线必须保护，破趋势线必须保护，破 21 天或 60 天均线必须保护。

对于破颈线保护，是说无论你怎样看好后市，只要价格破了颈线位，一定要采取措施保护好账面利润，否则利润可能会还给市场。破趋势线保护，是说一旦价格突破趋势线，要立即无条件保护自己的账面利润。破 21 天均线或 60 天均线保护，是说如果做波段的话，破了 21 天均线就应该采取措施保护账面利润；如果是趋势性操作的话，破了 60 天均线就需要采取保护措施了。

如果出现了上述情况，应该如何保护账面利润呢？我总结了 3 种保护手法，分别是：全部平仓、部分平仓、大部分锁仓。

对于全部平仓，很好理解，不做解释。对于部分平仓，是说交易者应根据市场的实际表现，逐步减持已有仓位。比如可以先平掉 80%的仓位，然后再根据情况平掉 20%的仓位；或者可以分 3 步走，第一步破了趋势线平掉 50%的仓位，第二步破了颈线再平掉 30%的仓位，第三步破了 60 天均线就把剩余仓位全部平掉。当然，这只是一种思路，你完全可以根据自己的具体情况来规划每次的平仓比例。关于大部分锁仓，是说当趋势没有发生转变的时候，还可以先把大部分仓位锁起来，一旦调整结束，再把逆市的仓位平掉。

对于利润保护的问题，最关键之处是一定要有主动退出机制，主动退出也就是获利平仓，目的是防止出现赚钱不出赔钱出的问题。在交易过程中，我觉得一定要备有两套策略，一套策略是用来开仓的，一套是用来平仓的。大多数交易者往往重视开仓策略，而忽视了一套完整的平仓策略或者体系的重要性。其实，大多数时候我们的开仓都是盈利的，但最后为什么变成了亏损呢？就是因为退出机制不健全。存在这类问题的交易者需要在这方面多下功夫。

等待调整结束并加仓

面对调整行情，一头一尾都要利用好，既要保护好已有利润，也要时刻准备好随时加仓。如果要想获得暴利，则加仓比保护账面利润更重要。

对于调整行情，虽然说会让老手郁闷，新手恐惧，但如果对它有了充分认识之后，你一定会喜欢它的，为什么呢？因为调整正是加仓的好时机，是市场给我们送礼来了。下面分别介绍一下 6 个加仓点和加仓原则。

6 个加仓点

1. 三五天调整加仓点。有些行情表现得很有规律，当我们反应过来市场走的是三五天调整行情时，完全可以在行情调整了三五天后介入。如图 7-17 所示，三五天调整后的每一波上涨行情都和前一波类似，在第一次或第二次走势结束后，可以试探性买入，然后在之前涨幅的高点附近位置主动平仓。如此炮制，后面的三四波上涨行情基本都能赚到钱。

2. 旗形突破加仓。旗形形成之前的涨（跌）幅度有多大，后边的涨（跌）幅度也就有多大，所以说看大格局者就赚大钱。尽量不要盯着一分钟 K 线图，因为在这个周期上价格的波动太频繁，交易者容易因小失大。如图 7-18 所示，价格向上突破了旗形的上边沿之后，虽然出现了两次回抽确认突破有效的走势，但随后的涨幅也基本上达到了理论上的目标位。

3. 三角形突破加仓点。如图 7-18 所示，旗形形态被向上突破之后，在随后的上涨过程中，又出现了三角形的调整形态。当三角形被向上突破后，是一个比较理想的加仓点。

4. 平台盘整区突破加仓点。如果调整是以平台的形式呈现，一旦向上突破平台区域的上沿，就是一个比较好的加仓点。平台被向上突破后，价格一旦回落到平台上沿，就可以加仓。加仓的时候仓位要控制好，一次不能太重，同时也要设好止损单。如图 7-19 所示，平台被向上突破后，给出了 4 个加仓点。

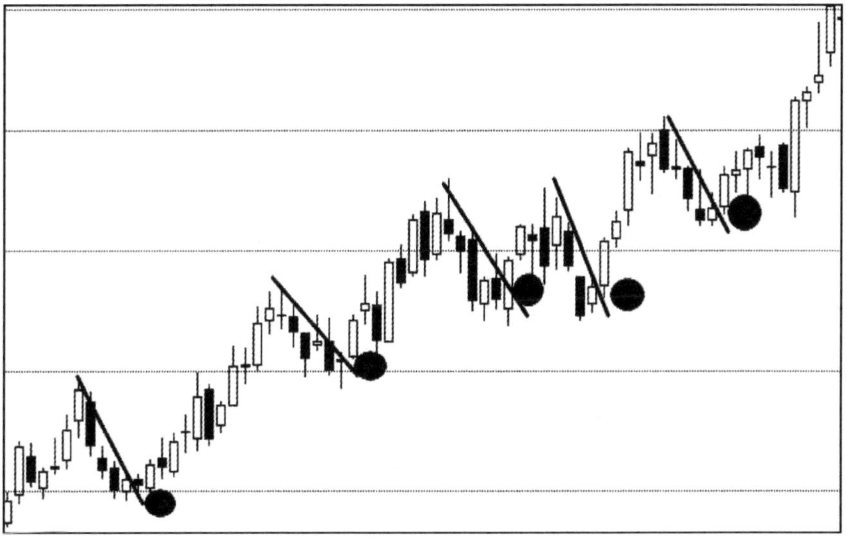

图 7-17　三五天调整加仓点

图 7-18　旗形突破加仓点和三角形突破加仓点

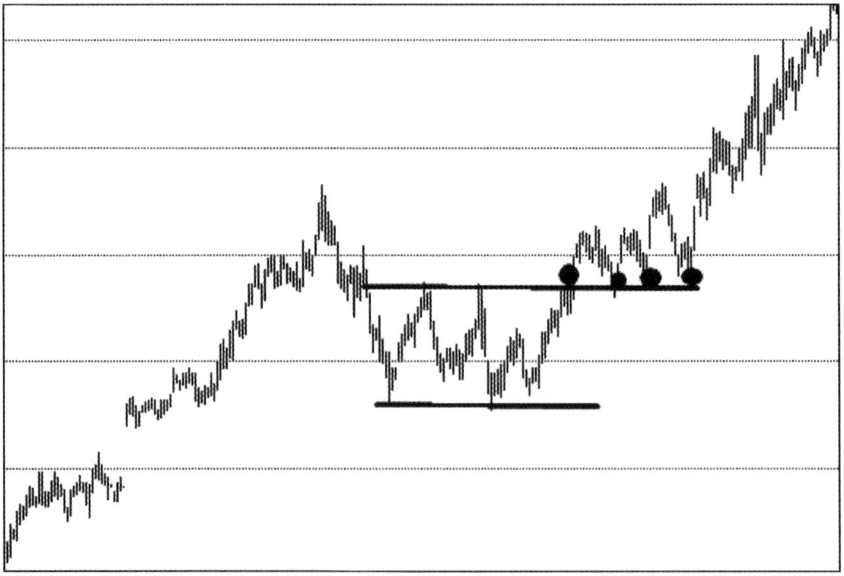

图 7-19　平台盘整区突破加仓点

5. 颈线突破加仓点。如图 7-20 所示，是双底和复合双底形态的颈线被向上突破，之后都出现了一波上涨行情。

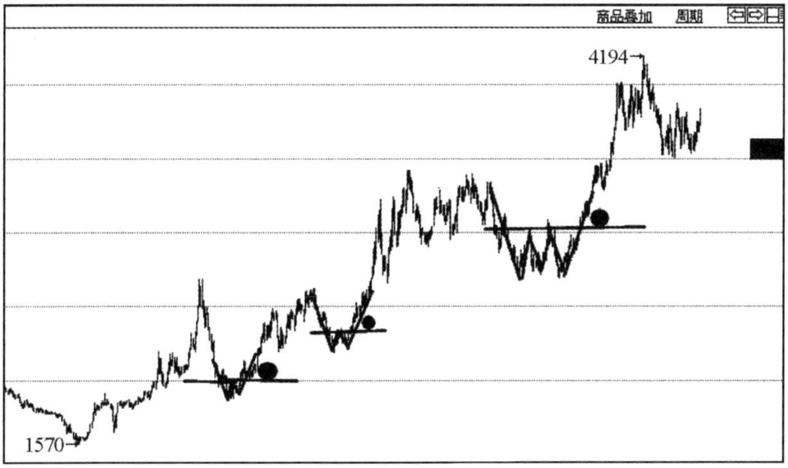

图 7-20　颈线位突破加仓点

6. 移动平均线加仓点。当价格回落到移动平均线附近时，可以逆市加仓。移动平均线我喜欢用 21 天均线和 60 天均线。其中，21 天均线是指导波段操作的，60 天均线是指导趋势操作的。当然，你也可以依据自己的喜好选择其他周期的移动平均线。如图 7-21 所示，价格回落到 21 天均线就按照做波段的心态加仓，如果回落到 60 天均线就以做趋势的心态加仓。

如图 7-22 所示，这是一段比较曲折的上涨行情，在上涨过程中，6 个加仓点先后出现。第一个是平台调整加仓点，第二个是三角形调整加仓点，第三个是旗形调整加仓点，第四个是颈线调整加仓点，中间穿插着三五天调整加仓点和移动平均线加仓点。如果你把这 6 种加仓点熟悉了之后，抓住 60%的上涨行情应该没有问题。

其实，业贵精不贵多。我之所以没去研究更多种的加仓点，主要是因为人的精力毕竟有限，如果加仓点的数量太多，总有一天会让你迷失在市场的波动之中。

图 7-21　21 天均线处波段加仓点和 60 天均线处趋势加仓点

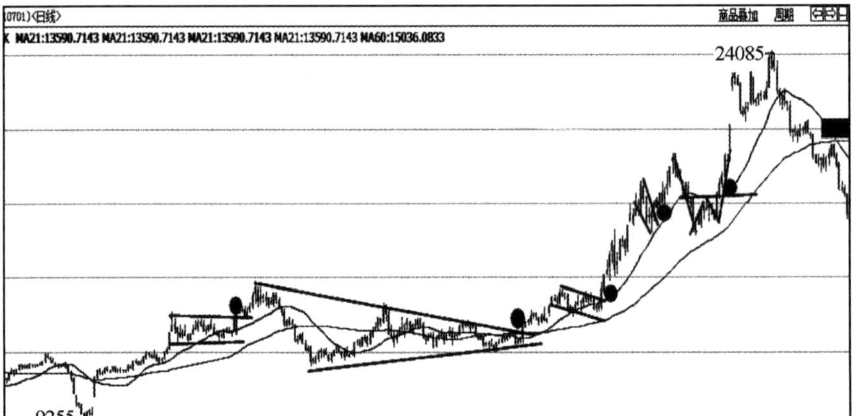

图 7-22　6 类加仓点在 1 个品种上同时出现

有人说他很不愿意加仓，为什么呢？因为以前加仓，都是把成本拉高了，等到调整的时候，不光赚不到钱，可能还会把之前赚到的钱亏掉一部分。所以，有些交易者不愿意加仓。对于该问题，我提供一个新思路：你可以把加仓理解成建新仓，而建新仓的思路就可以参照上述6个加仓点的思路进行。同时，需要按照开新仓的策略来止损，绝对不要抱侥幸心理。为什么呢？因为一般新建的仓位都有一个劣势，就是成本会比较高。

加仓原则

当你理解并接受了加仓理念时，在加仓过程中仍需要坚持两个原则：金字塔加码原则；一长一短原则。这两个原则的总体思路是新开仓的仓位不要超过以前的。

对于金字塔加码原则而言，加仓的幅度，既可以按照数量，也可以按照比例来计算，这方面可以根据自己的交易策略去安排。举例说明，假设投入本金100万元，首次开仓10手，开仓比例为10%；按照数量来说，之后每次加仓，都不能超过第一次的10手。

一长一短原则的中“长”“短”是指持有期限。比如经过长期调整的某个合约，出现了见底的形态，此时建立的首笔仓为“长”；当价格突破了近期的高点之后，所加的仓位为“短”。这就叫一长一短。首笔仓位是准备中长期持有的，但是突破前期高点之后所加的仓位，只能用来博取短期冲高的利润。对于创新高后才加的仓位，最好不要有长期持有的想法，因为会出现这样的问题，即一旦价格开始回试突破的有效性时，加仓的这笔资金就会产生亏损。所以，趁着上冲的惯性还在，需要把这笔短期持仓逢高卖出。

观察调整，幅度有多大

阅读提示

调整幅度不同，平仓点不同

第五大攻略，强调了要学会观察调整的幅度。上文介绍了如何加仓及坚守的原则，那么一旦加仓结束，随之而来的问题就是——加仓能挣多少钱？或者说新仓位应该在什么地方平掉呢？为了解决这个问题，就需要研究调整的幅度。可以这样说，价格未来上涨的目标位是由调整的幅度决定的。俗话说“看大趋势挣大钱，看小趋势挣小钱，不看趋势不挣钱”。第五大攻略就是要告诉你，怎么看待目前的趋势，怎么去找盈利点。

根据调整幅度测算下一波行情的目标位或平仓点的思路如下：

回调幅度在30%以内

当回调幅度在30%以内时，有90%以上的概率价格会再创新高（低），可以在前高（低）之上（下）的更高（低）处平仓。如图7-23所示，在一波上涨行情结束后，随后的回调幅度并不大，在30%以内，之后的涨幅仍然比较可观。那么何时可以平仓呢？在前高之上更高的位置平仓。当然，如果行情出现其他形态，也不必害怕，毕竟我们还有利润的3个保护原则，这样就能避免出现大的亏损。

图 7-23　回调幅度在 30%以内

回调幅度为 40%

当回调幅度为 40%时，有 70%~80%以上的概率价格会再创新高（低），可以在前高（低）之上（下）的高（低）处平仓。如图 7-24 所示，回调幅度接近 40%时，一旦调整结束，价格仍然会创出新高，并且继续上涨了一段距离。那么何时可以平仓呢？可以在前高之上的高处平仓，当然平仓位置要比仅回调 30%的平仓位置低一些。

回调幅度为 50%

当回调幅度为 50%时，有 50%~60%以上的概率价格会再创新高（低），稳妥起见，可以选择在前高（低）处或附近平仓。如图 7-25所示，回调幅度为 50%，随后价格开始下跌，并且创下了新低。虽然价格有 50%~60%的概率会创新低，但为了保险起见，一旦价格回到前期低点附近，你就应该随时准备平仓。当然，此时你也可以参照K线的形态，或者其他的平仓信号来平仓。

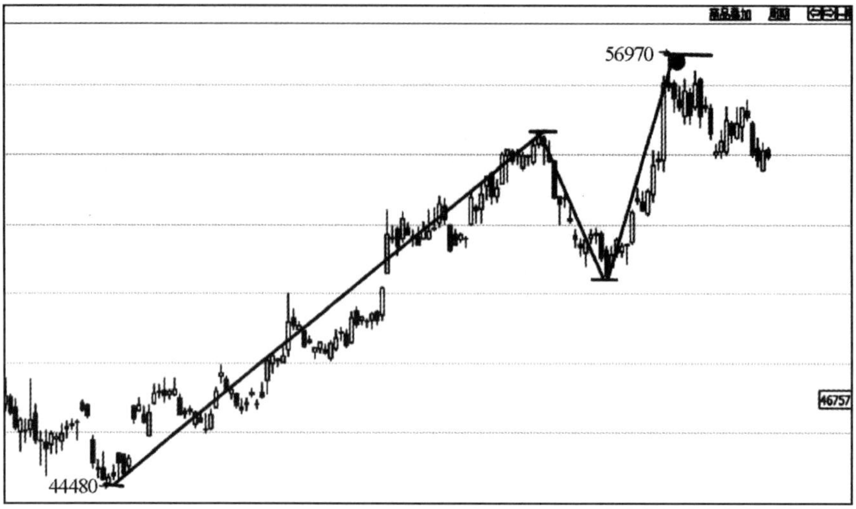

图 7-24 回调幅度为 40%

图 7-25 回调幅度为 50%

回调幅度为 60%及以上

当回调幅度为 60%及以上时，再创新高（低）的概率低于

50%，只能在前高（低）之下或更低处平仓。如图 7-26 所示，调整幅度达到了 83%，如此大幅度的调整，价格已经无力再创新高了。此时应该采取的措施就是，价格略有反弹就找机会平仓。

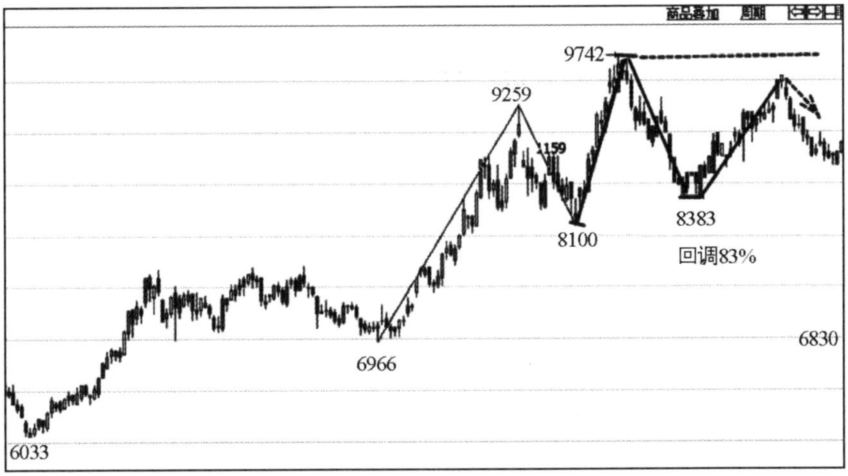

图 7-26　回调幅度为 60%及以上

看到了上面的分析，估计有人会问，如果价格出现了 100%的调整呢？我的答案是，如果出现了这种幅度的调整，价格很可能会出现 50%左右的反弹走势，到时就应该平仓。

最后送给大家一个忠告：不要等事情到了不可收拾的地步，再去采取措施，一定要有主动平仓获利了结的勇气。若干年后回头看，你会发现一切利润均来自获利平仓。

延伸阅读

因为常见，所以重要。

调整走势很常见，无论是在上涨趋势中，还是在下跌趋势中，我们都能见到它。对绝大多数交易者来说，调整走势非常容易让人迷失方向，正如文中所说，它让老手郁闷，新手恐惧。可见，制定一套完整的应对策略就很有其必要性了。

对于调整走势，作者的应对策略非常完整，分为五大攻略，涵盖了从发生到结束的整个阶段，虽然内容比较庞杂，但易学易记。例如，判断调整发生的6个“了”，在利润奔跑时要采取的3个必须保护措施，调整结束时的6个加仓点和两大原则，等等。对于上述内容，作者还很贴心地配上了走势图，这就让上述方法有比较强的可操作性。

第八章

趋势暴利法

佘瑞海

趋势暴利法或许不是最好的手法，但一定是非常赚钱的手法。

趋势暴利法的核心是：在判断对行情顶部或者底部的前提下，要保持足够的仓位（很多时候是满仓），直至趋势临近结束。

趋势暴利法能够执行的前提是：拥有足够大的格局，保持淡然的心态，不在行情的短期波动中迷失自己。

趋势暴利法使用的基础是：具备较强的分析能力，掌握足够多的交易技巧，开平仓能踏准节奏。

我的核心投资理念

核心观点

大道至简、顺势而为、及时止损、放飞利润

我是潮汕人，在浓厚的投资经商氛围之中长大，上大学时开始对股票产生浓厚兴趣。2000 年到银行上班，从那时起涉足股票和期货市场，一开始获利颇丰但很快就把利润赔光了，此后在市场中一直盈亏不定。进入资本市场的前 10 年可以说是赚少亏多，此后交易经验逐渐成熟；要说真正的崛起，已经是我从事股票和期货交易 14 年之后了，也就是 2014 年。所以，想要在金融市场中有所成就，确实并非易事。

2014 年股市筑大底，走出了一段波澜壮阔的上涨行情，我有幸抓住了这一次股市大涨的机会，同时在 2015 年成功逃顶，实现了 4 倍的盈利。

2016 年，在经过 5 年漫长的下跌之后，大宗商品成功筑底，同样走出了一波不逊色于股市的上涨行情，我携 2000 万元资金入场，在不到半年的时间里迅速将其做到了 4 亿元，实现了 20 倍的收益。当时，为了资金进出方便，我分两个账户进行操作，其中一个账户的最终盈利为近 3.3 亿元（见图 8-1）。

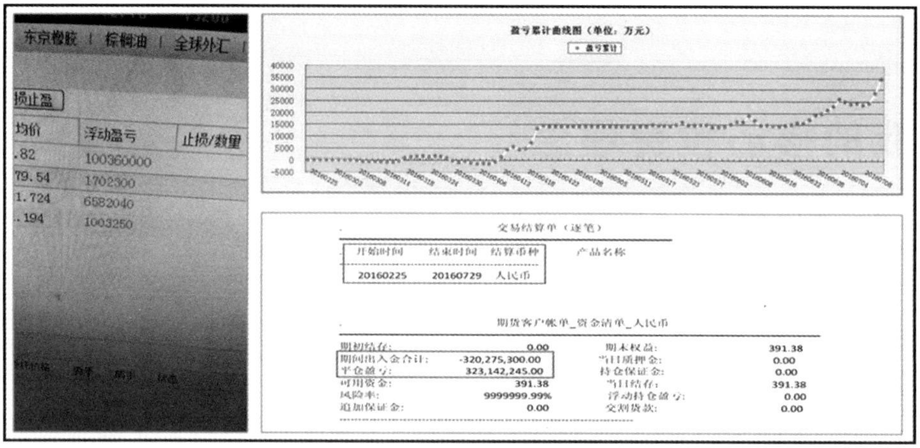

图 8-1 期货实盘账户截图

可以说，股市与期市前后间隔不过两年的两波大涨行情，我都算是抓住了，这才有了“崛起”一说。回顾 17 年的投资交易历程，从沉浮到崛起，就归功于以下 16 个字，“大道至简、顺势而为、及时止损、放飞利润”，这也是我如今的核心投资理念。

大道至简

核心观点

做交易要追求大格局

斯坦利·克罗曾说过，“操盘务求简单，简单到不用大脑”。在我看来，这句话的实质就是大道至简。

在 17 年的投资生涯中，我对基本面、技术面都进行过研究。基本面的研究内容既包括货币政策、财政政策和产业政策等宏观层面，也包括产品的供需关系等微观层面；技术面的研究内容主要是走势图和各种技术指标，包括K线图、成交量、持仓量和变化速率等。然而即便如此，我时常还是做不好交易。后来我发现，无论是基本面研究，还是技术面分析，自己都仅停留在术的层面。

对基本面进行分析时，我们经常会遇到信息滞后的问题，很难全面地把握影响供需关系的各种因素，因此分析结果往往容易出错；而技术分析本身也存在指标有滞后性和多指标共用会加大错误率等问题，所以技术分析也无法做到百分之百准确。由此可见，无论是从基本面还是技术面，抑或是两者的结合都很难对行情做出精准的分析和判断，这就是交易的难点所在。

基本面与技术面的分析方法，我将其统称为术。市场上研究术的人比比皆是，痴迷者也不在少数；但我认为仅仅研究术很难取得成功。当然，不得不承认的是，大多数刚进入期货市场的人（也包括我），都是从研究术开始的。

至于道的层面，我目前还只是一名探索者，体会也未必深刻，只能抛砖引玉，谈一谈现在的体会。我认为，成功交易不只依赖分析能力的提高和经验的积累，风险控制与资金管理也不是全部，还要拥有好的品性，这是其中不可或缺的因素。期货市场可以说是人性的检验场，它能把人性中贪婪、恐惧与侥幸的弱点放大，并对那些不会约束上述弱点的交易者进行惩罚；当然它更会奖励那些把知足、勇敢与理性的优点发扬光大的交易者。在我看来，交易中的真理往往很简单、很朴素，它在客观上要求交易者内心纯净、心无旁骛。

期货交易看似简单其实复杂，看似复杂其实简单，它是一个从简单到复杂再到简单的过程，一个操盘手从一无所有到成功是极为不易的，不经历挫折，不体验无数次的苦难是很难完成蜕变的。当然，最初的简单与最后的简单绝对不是同一个概念。交易如人生，我们必须积累足够的经历方能读懂人生；同样，我们必须有了足够的经验方能看透交易。

就我个人的体会而言，大道至简，说的其实就是格局。做交易一定要追求大格局，就像一个在前线浴血奋战的士兵，要学着把自己的格局从只看到眼前的敌人上升到能看尽整个战场的高度，看淡一场小战役的胜负，看淡细枝末节上的变化，更多地去谋求战略上的胜利，这样才能逐步蜕变为将军。

概括一下，我眼中的大道至简就是：

第一，放大格局，站在高处看市场、想问题，不沉迷于某一笔交易。

第二，市场中没有新鲜事，行情没有新形态，历史会重演。

第三，任何一种分析的结果都会反映在账户上，赚了就说明看对了，亏了就说明看错了；对了就持有，错了就走人。

第四，独辟蹊径，人弃我取，让自己成为少数人，相信“相信”的力量。

在我眼中，术就是武侠世界中的武功招式，而道则是心法。很多人重术轻道是因为招式好学且见效快，心法难懂且见效慢。相信进入期货市场的人，都是为了赚钱，并且是赚快钱和大钱而来的，人性中的贪婪和对交易知识的知之甚少引诱着我们踏上永无尽头的求术之路，3 年、5 年、10 年，甚至是 20 年之后才幡然醒悟，人性的弱点永不变，只练招式不修内功根本无法在残酷的市场中立足。

顺势而为

核心观点

赚大钱的前提条件是顺应趋势

“顺势者昌，逆势者亡”，再强大的人也无法对抗历史的潮流，也无法抗衡市场的趋势。顺应趋势是我们在期货市场中赚大钱的前提条件。顺势而为，我相信只要做过交易的朋友应该都听说过这句话，并且都认同这个观点。但是，何为势？如何为？可能很多人对上述问题的理解仍存在偏差，或者对其含义仍感到模糊。

趋势的定义

阅读提示

得到了大多数人的认可及共同推动

我认为，趋势就是事物发展的动向，而在金融交易市场中往往就用来表示股票、期货和外汇等资产价格的运行方向。在交易中，我给趋势下的定义为：在一定的时间区间内，价格运行的方向得到了大多数人的认可，因此大多数人会共同来推动价格沿着原有的方向继续运行。趋势的方向一旦形成，一定时间内难以改变。这就是所谓的价格惯性，其实就是人的心理惯性。

在对趋势的概念有所了解的基础上，我们必须对趋势进行时间上的界定。趋势是以时间为前提的，在不同的时间段，趋势的大小不同，我们必须要分清一个趋势到底是长期趋势、中期趋势，抑或是短期趋势，脱离时间谈趋势是不恰当的。因此，必须在限定的周期里，对趋势的研判才有意义。下面我以期货市场中的沪锌指数作为例子来做一下简要的分析。

首先，在一个时间跨度为半年多的周期里，沪锌指数呈现出的是一波明显的下跌行情（见图 8-2）；

其次，当我们把时间跨度缩短到 1 周左右时，沪锌指数呈出的又是上涨行情了（见图 8-3）；

最后，当我们把时间跨度进一步缩短到日内时，沪锌指数又变成了震荡走势（见图 8-4）。

由此不难看出，对于同一个品种，当我们关注的周期不同时，它呈现的走势就不一样。这也就是同一个品种有人看多，有人看空的原因所在。由此可见，先定周期再看趋势是多么重要。要想做到顺势而为，一定先要明确自己的格局到底是多大，看的时间周期又是多长？要顺什么样的趋势，是主要趋势、次要趋势，还是短期趋势？

图 8-2　2018 年 1 月 29 日—7 月 23 日沪锌指数日 K 线图

图 8-3　2018 年 7 月 16—23 日沪锌指数 30 分钟 K 线图

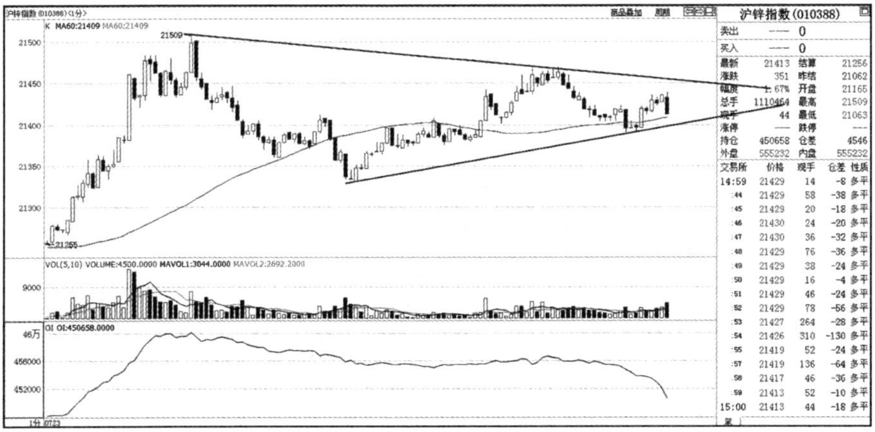

图 8-4　2018 年 7 月 23 日 13：30—15：00 沪锌指数 1 分钟 K 线图

趋势的判断

阅读提示

寻找基本面与技术面的共振点

对于基本面分析与技术面分析之争，这个问题太过于庞杂，在此不做过多论述。我的观点是，无论是基本面还是技术面，都有明显的优缺点。基本面分析能给出一个比较明确的方向，说服力强，但分析难度大；技术面分析则存在一定的滞后性，说服力较差（在判断行情方向上），但进出场的点位明确，便于操作。因此，我的处理方式是取其优点，配合使用。

供求决定市场价格

一般来说，供求决定市场价格，但在现实生活中，价格也会受其他因素的影响，比如政策因素、投资者的心理预期和突发事件等，它们都会让价格走势产生波动，使价格在一定时间段内脱离供求因素的影响范围。所以，仅仅研究供求因素，有时并不一定能对价格走势做出有效判断。

鉴于此，有人自然又会想，既然仅仅研究供求因素无法对价格做出有效判断，那就对所有可以影响价格的因素进行分析，这就是所谓的基本面研究了。如果想这样做的话，我认为存在三大难点：

第一，如何从众多因素中找出在一段时间内影响价格变动的主要因素；第二，如何对寻找到的主要因素进行定位，即区分出其中哪个因素对未来一段时间内的价格影响最大，哪个次之；第三，如何防范突发事件将在一定时间内影响价格的次要因素转化为主要因素。

对于一般投资者来说，这三大难点解决起来有较大难度，没有三五年乃至更多年之功难有成效。因此，我建议刚进入期货市场的朋友，无须太过执迷于基本面研究，主要是这样做的成本有些过高，此时不妨多参考专业机构的观点。当然，经过不断学习和积累后，对趋势的方向我们就会逐渐形成自己的观点，此时就无须再人云亦云了。

道氏理论的基本观点

对于技术面分析，我认为道氏理论非常重要，它是我进行技术分析的基本前提。下面我对道氏理论的3个基本观点进行简要阐述（以上涨趋势为例）：

第一，市场沿趋势运行，分主要、次要和短期3种趋势。该观点是我们进行趋势交易的基础，我们格局的大小或者研判周期的大小决定了我们关注的趋势种类。对我个人而言，我主要关注大趋势，即主要趋势。

第二，趋势运行分为积累、加速上涨、完美谢幕（新趋势的积累）3个阶段。一个趋势的形成是从积累阶段开始的，在趋势形成的初期，多空分歧一般比较大，但某一方会逐渐占据一定的优势，行情会顺着优势一方的方向来运行，这个时候行情运行的速度是比较缓慢的。

经过一定时间的酝酿之后，趋势会变得明朗，此时市场人气会向占据优势的一方加速汇集，行情就迈入加速上涨的阶段。随着趋势的进一步明朗，市场人气就会大量聚集，大量新的投资者会涌向占据优势的一方，前期看错方向的投资者也会转变观点，到此时市场人气空前一致，行情开始加速运行。

当行情加速之后，仍会有很多投资者加入进来；但是随着前期入场的投资者的盈利逐步增加，获利平仓盘的压力也逐步体现出来，这个时候多空双方的分歧会再次出现。此后，行情就开始慢慢地向新趋势的积累阶段过渡，旧趋势的完美谢幕就是新趋势的逐步积累，新旧趋势就是如此循环往复的。

道氏理论中有一个重要的观点，“唯有出现了确凿无疑的反转信号，才能判定一个趋势的终结”。因此，新趋势的形成必然是以转折作为前提的，这个转折实际上就是行情的积累阶段。所以，我们在判断新趋势来临时就要寻找转折的技术信号了，这个转折的技术信号或许是双底，或许是多重底，或许是三角形，等等。出现转折信号之后，我们下一步的工作就是观察均线的开合情况，或者画出趋势线，关注价格是否沿着新的趋势运行。

第三，交易量必须验证趋势。前文提到过，价格运行的方向必须得到大多数人的认可，大家才会共同把价格顺着这个方向向前推进，形成趋势。这个“大多数人”在盘面上的体现，其实就是成交量，只有在运行过程中伴随着成交量的放大，才能说明趋势是可靠的、有效的。

此外，在期货交易中还有一个重要的概念：仓差①。由持仓量变动引出的仓差概念对交易极具参考价值，如果在新趋势形成过程中交易量放大，同时伴随着持仓量的增加（仓差为正），则说明有增量资金在不断入场，这对趋势的运行有着巨大的推动作用。

从技术面角度来分析趋势，其实非常简单，无非就 3 点：第一，行情有没有发出转折信号；第二，均线或者趋势线有没有托住价格；第三，量价是否配合。经过一段时间的学习，相信大家能够熟练把握这 3 点。此时，如果再配合基本面研究，捕捉两者的共振点，那我们对趋势判断的准确率就会大大提高。

---

① 表示的是今天与昨天相比总持仓量的增减情况。如果仓差为正，则说明多空双方都在开仓；如果仓差持续为正并且数量较大，则可以看出多空双方正投入大量资金进行博弈。如果行情最终表现为上涨，则说明多头在博弈中占优，未来行情大概率会继续上涨。

趋势利用的案例

阅读提示

把 2000 万元做到 4 亿元的经验

下面分别利用股市和期市的案例来阐述我对“顺势而为如何为”的理解。同时，在讲解这些案例的过程中，也会分享我把 2000 万元做到 4 亿元的经验。

股市的交易案例

2014 年，股市触底之后出现了一波大涨行情，从 2000 点左右涨到了 5000 多点。我就以当时操作过的几只股票作为案例，介绍一下自己的心得体会。

首先，从技术面上看，如图 8-5 所示，2014—2015 年，这波大涨行情在爆发前，上证指数出现了以下几个现象：第一，从大框架上看，已经形成了一个底部三角形；第二，从小结构上看，在三角形的尾部构建了平台；第三，在价格向上突破三角形和平台之后，成交量急速放大。伴随着场外资金的入场，指数开始被急速拉升，行情从积累阶段迈入加速上涨阶段，一波非常壮观的大涨行情走了出来。

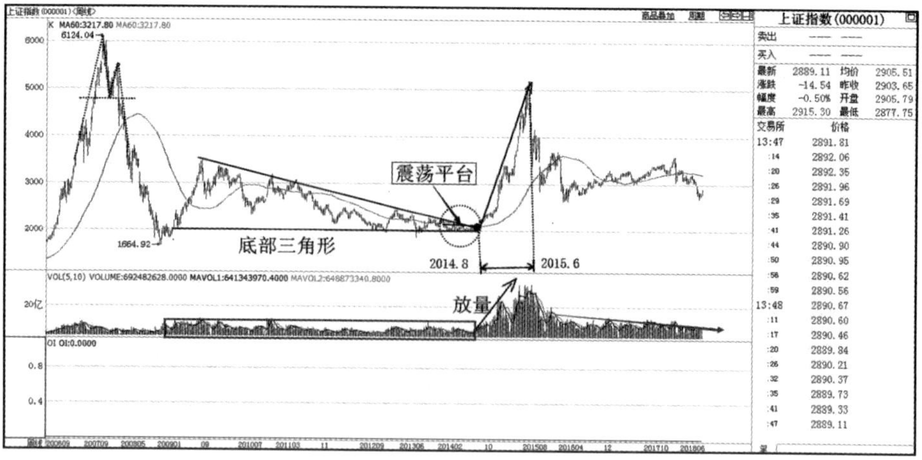

图 8-5　2006—2018 年上证指数周 K 线图

延伸阅读

底部三角形

1. 价格在经过大幅度下跌后，多次探底但几乎都在一个低点获得支撑，形成三角形的下边；

2. 价格反弹的力度越来越弱，每次反弹的高点逐渐下移，形成三角形的上边；

3. 整个形态在形成过程中，成交量逐步萎缩，到三角形末端附近时萎缩到最小；

4. 当价格向上突破时成交量开始放大。底部三角形往上突破后一般会出现两种情况：第一是突破上边线后，直接往上走；第二是突破上边线后先回调，然后再往上走。

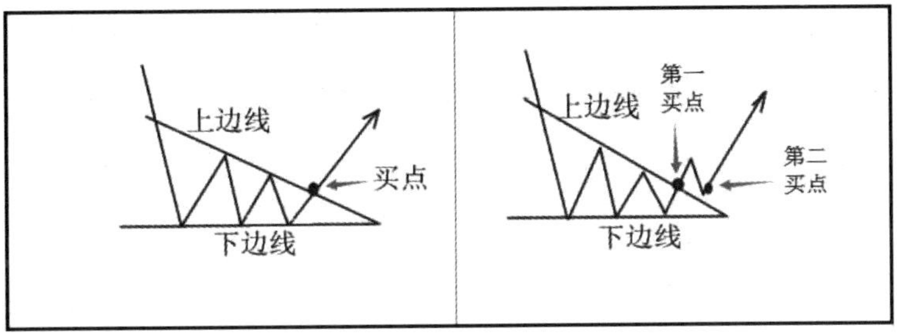

底部三角形的出现是技术上一个比较好的抄底时机。

其次，从基本面上看，当时的金融市场，配资业务得到了极大发展。其实，无须做过多分析就会知道，当时行情的主要影响因素就是资金。有资金就会有行情，大量资金涌入股市，肯定会推动行情上涨；而行情的上涨又会吸引更多的场外资金进入，循环往复，行情就会被越推越高。当资金不断涌入时，市场情绪就会被充分调动起来，在这种情况下，有时我们甚至都不需要知道某一只股票为什么会涨。

如图 8-6 至图 8-11 所示，这是当时我操作的 6 只股票。

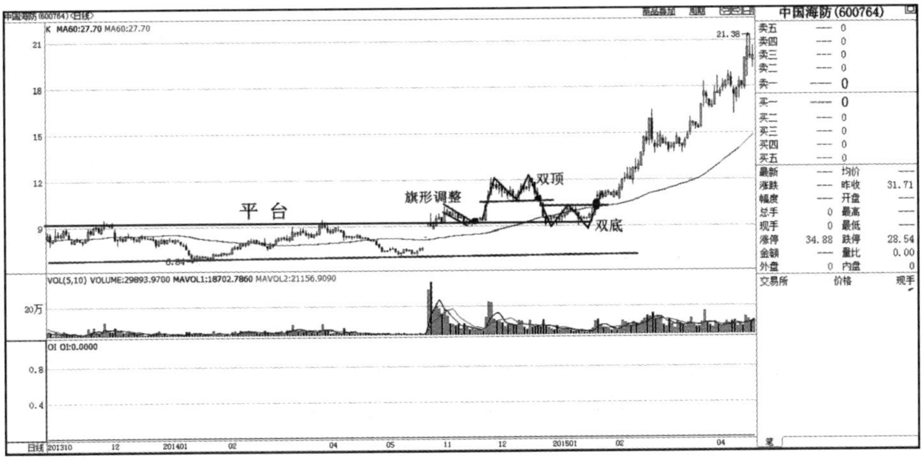

图 8-6 2013 年 10 月—2015 年 4 月中国海防日 K 线图

这 6 只股票分别是：中电广通（现为中国海防）、康力电梯、金圆股份、博深工具、广发证券、广日股份。①它们具有明显的特征，不是通过底部三角形形态，就是通过平台形态来完成筑底，和上证指数的走势非常相似。其实，如果翻看一下当时的个股，就会发现这种走势的例子有很多。

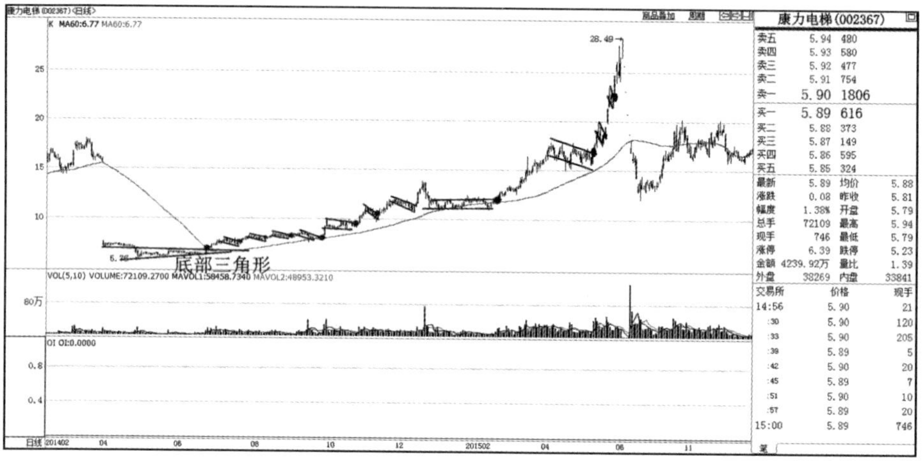

图 8-7　2014 年 2 月—2015 年 11 月康力电梯日 K 线图

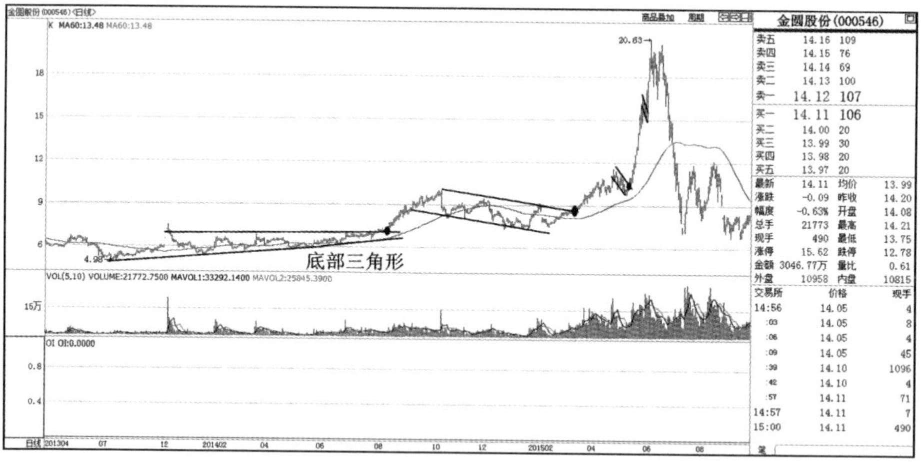

图 8-8　2013 年 4 月—2015 年 8 月金圆股份日 K 线图

① 实际上当时操作的还有其他一些股票，由于时间较为长久，加之当时也不注重对资料的保存工作，导致操作过的其他个股已经记不太清楚了，特别是在试仓阶段就被清掉的个股。但是，贯穿其中的分析思路是一致的。

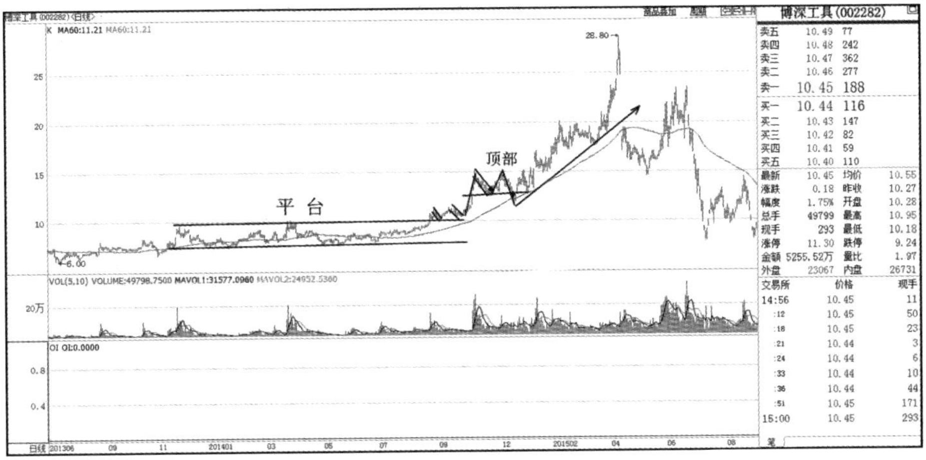

图 8-9　2013 年 6 月—2015 年 8 月博深工具日 K 线图

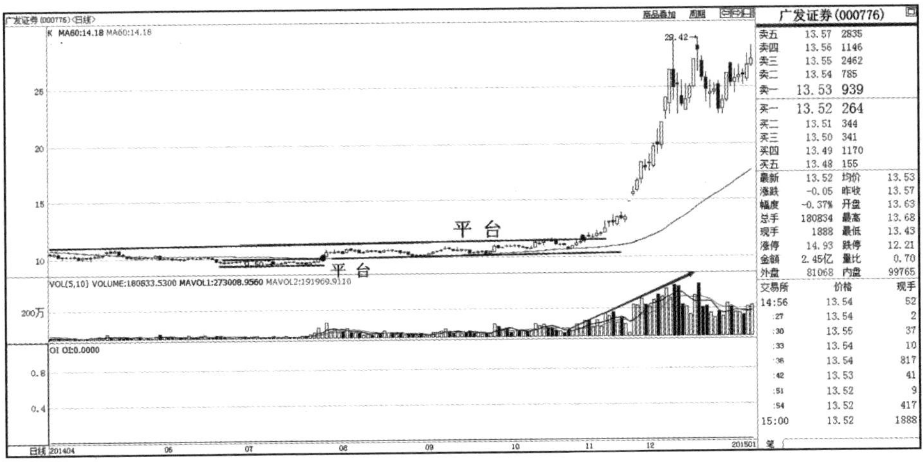

图 8-10　2014 年 4 月—2015 年 1 月广发证券日 K 线图

图 8-11　2014 年 4 月—2015 年 10 月广日股份日 K 线图

2014 年 7 月底，我开始陆续买进这 6 只股票。因为当时大盘已经开始放量上行，牛市格局已经基本形成。之后这 6 只股票开始上涨，在此期间，我逐步把仓位加满。

2014 年 12 月初，看到当时的中电广通和博深工具已经出现技术性顶部（事后看，实际是短期回调走势），我判断它们可能要进行较长时间的调整，加之当时的持仓也比较分散，因此我毫不犹豫地将这两只股票止盈。卖掉这两只个股的资金，我分别投进了涨势还很顺畅的其余 4 只股票中，这和试仓时砍掉浮亏股票，把腾出来的资金加入盈利的股票中是一样的道理——在上涨趋势中，尽量持有最强势的个股。

对于这波行情，我的第一次卖出操作发生在 2015 年 5 月 29 日。因为 5 月 28 日大盘放量急跌，我感觉情况有些不妙，这次下跌放了大量，不像 5 月 5—7 日的调整走势，那次是缩量的。当时的大盘指数已经冲到了 5000 点，从 2100 点附近的启动点算起，大体已经涨了 2900 点，涨了 1 倍多（见图 8-12）。加之行情已经极度疯狂，回顾当时，我接触到的理发师、外卖小哥和出租车司机等都在谈股票，我当时的脑海里始终回响着一句话——当别人疯狂时我恐惧。所以，5 月 29 日早上一开盘，我就立即将手里大部分的股票平仓。

6 月中下旬，看到金圆股份与广日股份走出技术双顶形态，我就把这两只股票全部清仓了；而广发证券当时拖了一点时间，一直到 7 月初才把持仓给平掉；至于康力电梯，我的运气较差，该股在 6 月 1 日开始停牌，到 9 月 1 日直接就是跌停板开盘了，所幸当时剩余的仓位已经很少，到 9 月 9 日也全部平掉了。

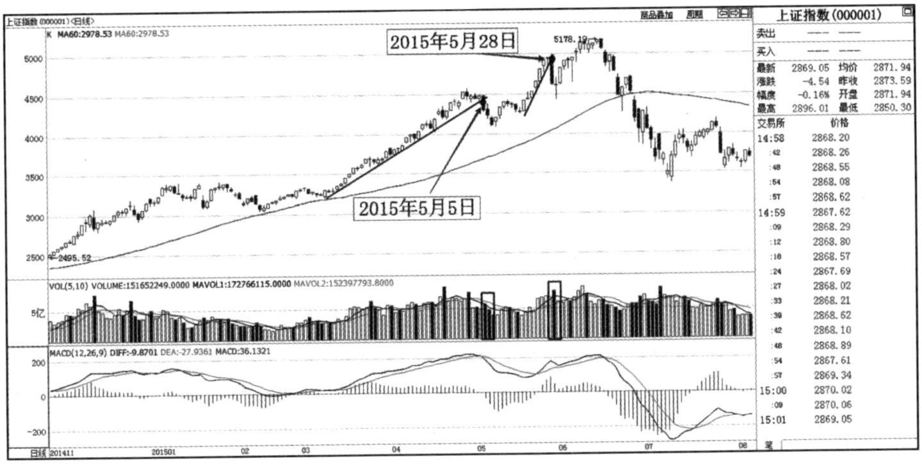

图 8-12　2014 年 11 月—2015 年 8 月上证指数日 K 线图

在股市中，我的交易心得并不复杂，大体思路如下：首先，在大趋势或者大牛市到来的时候，先多点布局试仓，如果行情确实沿着预期的方向运行，则逐步加仓直至满仓；其次，在试仓阶段注意砍掉出现亏损的股票，将释放出来的资金加到盈利的股票中；而在行情急速拉升的阶段，需要处理掉涨势缓慢的股票，将释放出来的资金加进涨势顺畅的股票中。这样就可以在大牛市中博取最大收益了。

期货市场操作案例

在资金从2000万元增长到4亿元的过程中，期货市场的螺纹钢品种贡献了相当大一部分的利润。所以，我觉得有必要详细讲解一下当时螺纹钢实盘交易的过程。

首先，从基本面来看。可以从3个角度——货币政策、行业和市场来分析当时的基本面情况。

从货币政策上看，当时全球货币政策从整体上而言是宽松的。我们知道，货币的超发非常容易引起物价上涨，而在降息周期中，流动资金也需要找到新的盈利空间。

从行业角度来看，当时国内正在进行供给侧改革，这就给相关商品价格的上行提供了政策基础。依据影响价格变化因素的主次转化观点，此时政策因素就成为影响相关商品新趋势形成的主要因素。

从市场角度来看，当时市场刚经过一轮股灾，同时股指期货交易也受到了限制，股市中的资金开始流入商品市场，从而奠定了商品市场的牛市格局。

这些消息并不难得到，我们从网络上就能随便看到，只是有人怀疑，有人相信了而已。而我则有幸加入了相信者的队伍中，亲身验证了“相信‘相信’的力量”这句话。

其次，从技术面来看。如图8-13所示，在经过长达5年的下跌之后，文化商品指数在2015年底到2016年初开始震荡筑底，在周线图上形成了双底形态。在价格向上突破双底形态的颈线（110点附近）之后，可以看到成交量开始逐步放大，表明场外资金正在积极流入商品市场。从技术面上看，这是一个非常标准的、教科书级别的底部形态。

把基本面与技术面结合起来看，两者已形成完美的共振之势，趋势由空转多已然成为大概率事件。

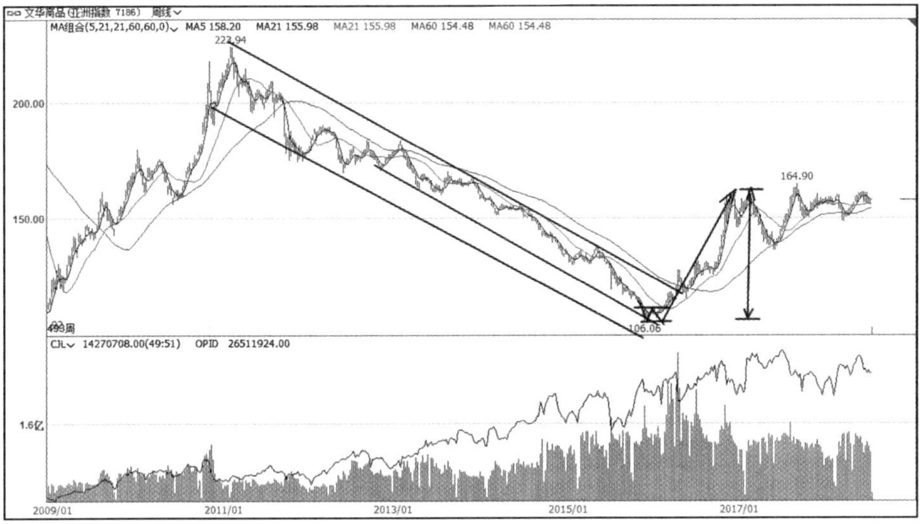

图 8-13　文华商品指数周线图

如图 8-14 所示，2015 年 12 月，在文华商品指数仍在震荡的时候，螺纹钢已经率先走出了平台的向上突破行情，成交量开始放大，价格也站上了 60 天均线。2016 年 1 月上旬，在历经了半个月左右的回调后，螺纹钢向上突破了上升旗形。至此，我判断螺纹钢的底部基本形成，遂开始布局螺纹钢的多单。

延伸阅读

平台

又称矩形或箱体，一般看作行情的整理蓄力阶段。若出现在低位，当价格向上突破时，可作为底部看待。

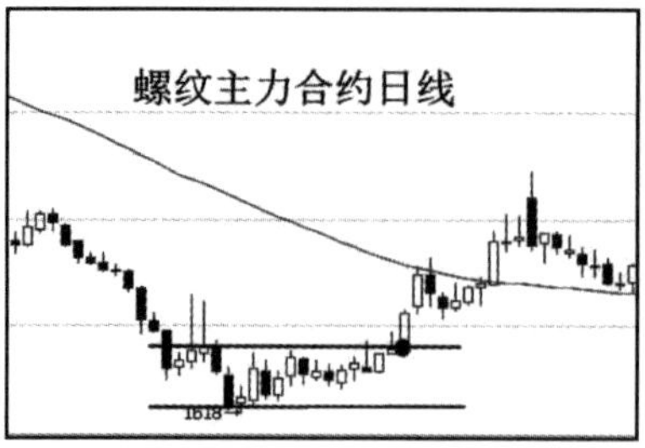

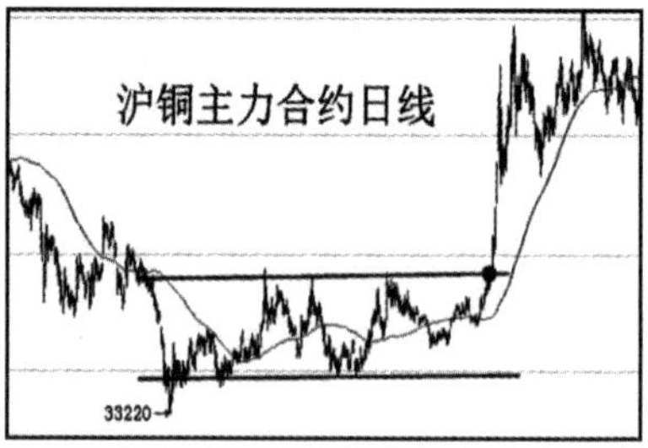

上升旗形

经过急速拉升后，价格开始形成一个紧密、狭窄和稍微向下倾斜的密集区域，把该密集区域的高点和低点分别连接起来，就可以画出两条平行且下倾的直线，这就是上升旗形。该形态一般出现在突破之后的回踩确认阶段，或者上涨行情的中途整理阶段。

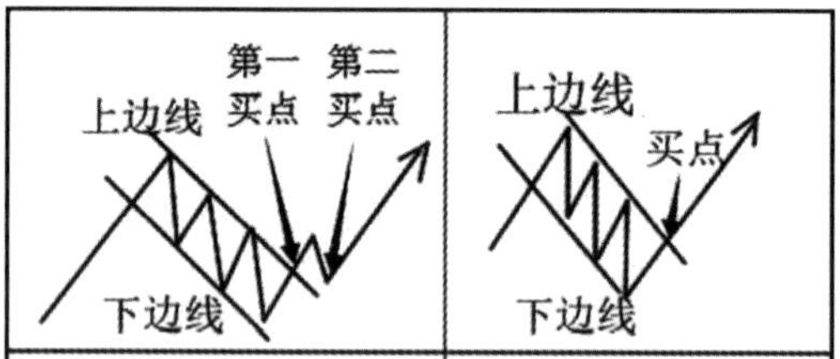

说明：上升旗形向上突破会出现两种情况，一种是突破上边线，经回抽后再次上行，如左上图；一种是突破上边线后，就直接往上走，如右上图。

在图 8-1 中，能看到 2016 年 2 月 25 日到 2016 年 7 月 29 日的交易结算单，其实这是我移仓后的交易时间，实际的入场时间还要更早。在图 8-14 中，显示了我在价格回调时不断加仓螺纹钢的过程。因为在 2016 年 3 月文华商品指数向上突破颈线之后，整个商品市场的底部形态基本得到确认。所以，对于螺纹钢的每次回调，我都大胆进行了浮盈加仓操作。

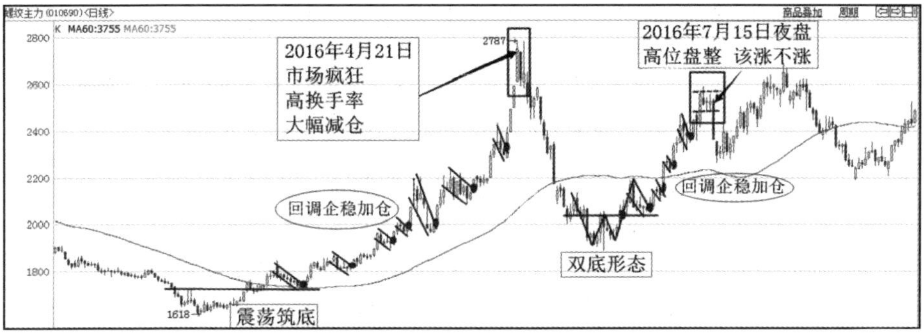

图 8-14　螺纹钢主力合约日线图

螺纹钢的第一次平仓交易发生在 2016 年 4 月 21 日，原因主要有以下两点：第一，4 月 21 日当天，市场有了过热迹象，之前已连续出现了 2 个跳空缺口，同时连续收出 3 根大阳线，此时多头已经获得了非常可观的利润。第二，当天出现了 800%多的超高换手率，这种情况非常便于资金出逃，可能会导致行情反向发展；刚好当天螺纹钢又出现了大幅减仓现象，盘中减仓幅度超过 42 万手，证明了资金确实在大幅离场（见图 8-15）。

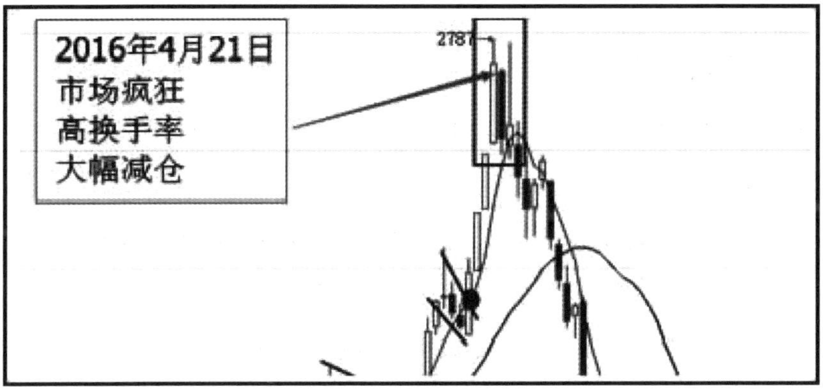

图 8-15　2016 年 4 月 21 日螺纹钢主力合约日线图

鉴于此，当天我毫不犹豫地将手中的螺纹钢多单全部平仓。此后，螺纹钢果然出现了时长 1 个多月的大幅调整行情。

一般而言，一个既定的趋势不会轻易发生反转，一旦发生反转也绝不会轻易再反转。如图 8-14 所示，螺纹钢从 2016 年 4 月 22 日展开回调，到 2016 年 6 月 6 日站上双底形态的颈线时，差不多耗费了 1 个半月的时间。

我第二次入场的时间是在 2016 年 6 月初，也是在螺纹钢出现回调时坚决加仓。在此期间，我都是顺大势而逆小势操作，只要日线和周线的趋势不变，每当出现下列情况时（尤其是伴随着成交量放大）我必加仓：在两小时走势图中出现双底或者平台形态；同时在日线走势图中出现上升旗形的向上突破走势。这也可以看作是小周期里的追涨杀跌行为。

第二次的平仓交易说来也简单，可以说主要依赖多年交易养成的盘感。6 月初的多单是在 7 月 15 日晚上平掉的，当天晚上开盘后，我的脑海中就蹦出了下面这句话，“高位横盘，该涨不涨必下跌”。如图 8-16 所示，经过几天的增仓上行，7 月 12 日螺纹钢收出一根大阳线之后，价格就开始横向震荡，一直宽幅盘整了 3 天，种种迹象让我就逐渐感觉到了盘面有异——多头很可能已无力上攻。

除了技术面的原因外，还有我个人的两点平仓理由：第一，当时我的账户权益已经达到了 2. 53 亿元，获利已经非常可观；第二，当时我对螺纹钢的持仓已经接近交易所的限仓要求，也到了不得不减仓的时候。所以，当天晚上一开盘，我就花了两个小时的时间，将手中的多单全部平仓，平完后账面权益仅剩 2. 3 亿元，因滑点损失了 2300 万元（大资金平仓困难）。等到 7 月 18 日（周一）开盘，螺纹钢出现急速跳水走势，当天收盘更是出现了一个跌停板。可以说，我算是再一次在高位成功撤退。

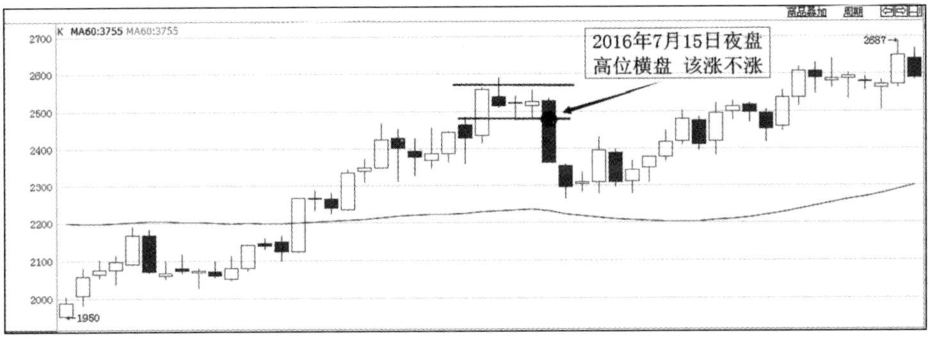

图 8-16 螺纹钢主力合约日 K 线图

回顾螺纹钢的这两次交易，入场时机和出场时机都把握得比较好，中间加仓的节奏也踏得比较准，算是两次比较成功的交易。螺纹钢交易的成功，其实就归结于两点——紧跟趋势和敢于持仓。

首先，在趋势得到确认之后，明显能看到螺纹钢的成交量在不断放大，交易日趋活跃。而增量资金的入场，对价格的上行起到了重要作用，趋势运行得非常流畅，其间基本没有触发我的减仓和止损条件单。所以，在上涨过程中，我都非常顺利地持有多单。

其次，就是具有持仓的勇气。很多人常犯的错误就是，明明辨别出了趋势，但却不敢持有多（空）单，导致获利良机白白错失。其实，只要趋势未改，就不要在乎小的回调走势，要重方向轻价格，要相信新高之后还会有新高！

其实，新趋势到来时大部分人都能发现，只是有人发现得早，有人发现得晚而已；但是能抓住趋势的人却少之又少。究其原因，我认为主要有以下两点：第一，大部分人把行情想复杂了；第二，许多人的格局不够大，只知道追求细枝末节，总是纠结于几个点的波动，从而迷失了自己。

及时止损

核心观点

保本金第一，保利润第二

期货交易中最重要的一件事就是资金管理，简单来说也就是风险控制和利润管理。风险控制是资金管理的第一个层面，而利润管理则是资金管理的第二个层面。

我交易的基本原则是：在账户盈利达到一定程度时，以利润作为安全垫，在不伤及本金安全的前提下，允许行情出现较大幅度的回撤。具体手法是顺大势，逆小势，小势企稳就加仓。而小势企稳的标志就是震荡盘整后增量资金入场形成突破，一旦价格出现突破走势，我会在小周期内追涨杀跌，不在乎具体点位，这样做的成功率会比较高。但是，任何交易都做不到百分之百准确，一定会有出错的时候，这时就需要考虑减仓或者说止损了。

古语有云："留得青山在，不怕没柴烧。"在高杠杆的期货市场中，我们时刻要把本金安全放在第一位，因为本金在机会就在。所以，止损的要点是保本金第一，保利润第二。止损固然重要，但我们也一定要明白为何止损，如何止损。

为何止损？我认为，本金是否盈利是判断交易对错的唯一标准。你的账户会告诉你一切，亏损了就说明你错了（至少当时是错了），此时就要止损。在止损时，我们要止的主要是方向损，具体措施如下：如果你判断要涨而做多，买入后却发现市场有异常变化，感觉后市有可能会不涨反跌，此时就要及时止损；如果你判断后市要下跌而做空，卖出之后却发觉行情可能要上涨，此时你也要及时止损。除此之外，其他所有的事情都与你无关。

看对了趋势却亏了钱，这样的例子在期货市场中数不胜数，原因是什么？一是没有持仓的勇气，二是没有止损的勇气。止损往往和开仓相伴随，如果没有一定的技术功底，则容易频繁止损；而不敢止损，则很可能会在反转行情中被爆了仓。在具体交易过程中，还要注意分清是部分止损，还是全部止损；同时也要分清什么时候应该部分止损，什么时候应该全部止损。

如何止损？我止损的第一原则是方向，方向错了立即止损；第二原则是账户的盈亏，赚钱就是对，亏钱就是错。我允许本金或者利润回撤 10%~20%，最多不超过 20%，本金浮亏超过 20%我一定会止损，盈利回撤超过 20%我也一定会减仓。在具体交易过程中，我还有一些小窍门，例如：回调企稳向上突破后加了仓，价格如果很快又反向下行并创了新低，此时我一定会减仓，并会等下次价格企稳时再补回；有过一次减仓后，下次再加仓就必须等价格创新高后才进场。如图 8-17 所示，这是我在螺纹钢上开仓、止损、加仓、减仓和平仓的全部过程。

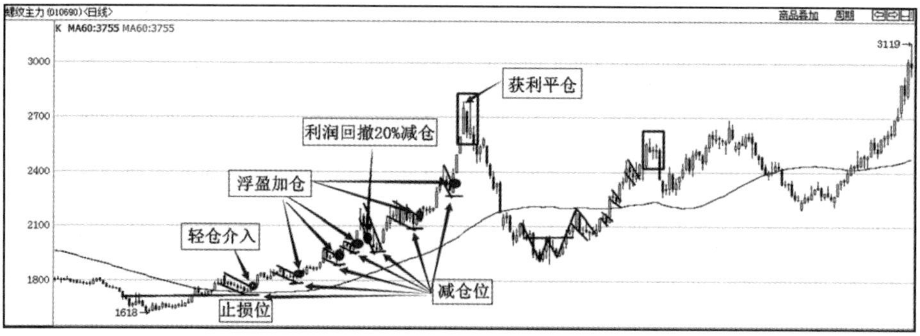

图 8-17 螺纹钢的开仓、止损、加仓、减仓和平仓过程

我认为，开仓配止损，加仓配减仓，用止损和减仓为顺势而为保驾护航，手中多单在自己未看空之前不离场，抓对趋势就一直持有到尽头。当然，需要提醒的一点是：趋势交易的目的是抓大行情，当价格出现连续回调走势时，会导致利润出现很大幅度的回撤，这就要求我们事先必须做好充足的心理准备，明确自己是要未来的行情，还是要眼前的利润。

放飞利润

核心观点

追求暴利要注意的两个关键点

我们参与期货交易，归根结底追求的是利润，止损只不过是保护自己的手段而已。我们的主题是趋势暴利，要说暴利从何而来，这取决于两个关键点：第一，趋势运行的幅度；第二，手中持有的仓单量。

要想获得暴利，上述两点缺一不可：如果趋势运行的幅度太小，那么手中持有的仓单量再多也不会产生暴利；如果手中持有的仓单量太少，那么趋势运行的幅度再大也不会产生暴利。因此，这就要求我们在把握大趋势的前提下，尽量增加手中的筹码，同时还要注意踏准节奏，这样才能实现十倍甚至数十倍的收益。

因此，要实现放飞利润的目标，我认为需要把握好以下几个步骤：

放飞利润的基石

阅读提示

抓住行情的大顶部或大底部

在市场中，我们经常听到这样一句话，“行情是等出来的，不是做出来的”。之所以这样说，主要原因是大行情不常有。从周期理论来说，一个小级别的行情一般都要酝酿三四年或更久些（见图 8-18），大级别的行情更是要酝酿 10 年左右，这也说明了“一个既定的趋势不会轻易发生反转，一旦发生反转绝不会轻易再反转”。所以，在行情没有到来之前，耐心等待是非常重要的。

那我们需要等什么呢？第一，足够长的时间，时间也是诱发大行情的因素之一，行情酝酿的时间越长，行情的级别就会越大。第二，足够大的空间，也就是等指数或股价临近历史最高点或者最低点。因为当它们处于半空中时，上下的幅度都不会太大。第三，行情的启动点，也就是我们常说的增仓放量突破上行或增仓放量破位下行。在行情运行的时间足够长，空间足够大的情况下，市场一旦构建出明显的顶（底）部形态①，伴随着增量资金的入场，行情反向运行的概率就会大大增加。要注意把握这样的机会，因为这是放飞利润的基础所在。

图 8-18　沪铜主力合约 5 年下跌后的筑底及反转走势

放飞利润的手段

阅读提示

在趋势运行过程中要敢于持仓，敢于加仓，敢于重仓

在波动空间具备的前提下，能否获取暴利就取决于手中持仓量的多少。在行情转折位置建了部分仓位之后，一旦趋势得以确认，一定要敢于持仓，敢于加仓，敢于重仓。

持仓靠的是勇气，这来源于对道的理解。可能我们在顶部或者底部试了很多次仓，也错了很多次；但是只要我们对了一次，就一定要坚决持有，一直到趋势接近结束的那一天。

---

① 双底（顶）、头肩底（顶）、多重底（顶）、平台底（顶）和三角形等。

加仓靠的是技巧，这需要踏准行情的节奏，顺大势而逆小势，加仓时跟随大资金入场，在小周期内追涨杀跌，具体做法见图8-17。只有掌握相关技巧，我们才能在盘中把握住加仓的时机，以博取最大的利润。

重仓靠的是信任，是对策略的信任，对自己盈利能力的信任，以及对风险控制的信任。要坚信在风险控制的前提下，趋势暴利手法能给我们带来巨额利润。

勇气、技巧和信任是我的大道至简理念的重要组成部分，虽然不难理解，但很多人欠缺对它们的体悟。放飞利润归根结底就是要求我们做到：趋势一出，坚决跟随。

将浮盈变成真正的利润

阅读提示

趋势临近结束时要果断平仓

账户中的浮盈不属于我们，只有在获利平仓（止盈）之后，它们才能转化为真实的利润。放飞利润的最终目的是收回利润，而我们所有的盈利都来源于平仓，只有在趋势临近结束的时候果断地获利平仓，才算是利润到手。

趋势暴利策略的核心是跟对趋势之后，重仓、满仓和浮盈加仓，因此，随着持仓数量的不断增加，成本也在不断抬高。如果趋势临近结束，此时我们就需要坚决止盈了，这是一种主动性的平仓行为。这时我们的首要任务是平仓，不要在意几个点的损失；否则，行情一旦出现转折，浮盈立即就会大幅回撤。

或许有人会问，趋势临近结束时的特征是什么？止盈时机该如何选择？以上涨趋势为例，分享一下我的看法：

第一，市场情绪过热，大量投资者涌入（例如：大妈炒螺纹钢，外卖小哥炒股票），账户出现几倍或几十倍收益。

第二，行情高位减仓的迹象明显，出现超高换手率。

第三，行情出现顶部迹象：双顶，价格冲高不过，多头减仓；多头资金入场但价格不再创新高，反而高位横盘，该涨不涨；开盘高开，盘中价格急速回落，形成穿头破脚之势，技术顶部形成；等等。

在盘中我们一定要高度警惕上述特征的出现，做好随时离场的准备。

延伸阅读

在期货市场中，大道至简是指将自己的交易系统或体系从繁至简，不断简化再简化，最终在文字上把它简化成寥寥数语，在思想上让其融入自己的本能，达到“无他，但手熟尔”的境界。

在追求大道至简的道路上，没有鲜花、掌声，只有单调、无聊、寂寞和痛苦陪伴着自己。日复一日重复着同样的事情，不断反思自己的错误，时时刻刻约束自己的行为，那种枯燥感不是每个人都能受得了的。关键是在此期间还没有人能够代替自己，只能一个人默默承受。这很像减肥，只不过减肥减的是身体上而不是思想上多余的部分而已。

追求大道至简的过程，也是一个“躲进小楼成一统，管他冬夏与春秋”的过程。其间你不得不远离其他活动，比如追好看的电视剧、和朋友聚会、外出旅游等。为什么呢？因为没有时间！时间都去哪儿了？盘中需要盯盘、练手；盘后需要复盘，需要记录当日交易的得失，需要思考哪些问题是共性问题，哪些是偶然犯错。

交易如修行，要想成功，先做苦行僧！